シリーズ「遺跡を学ぶ」142

海上他界のコスモロジー
大寺山洞穴の舟葬墓

岡本東三

新泉社

海上他界のコスモロジー
―大寺山洞穴の舟葬墓―

岡本東三

【目次】

編集委員
勅使河原彰（代表）
小野　昭
小野正敏
石川日出志
小澤　毅
佐々木憲一

装幀　新谷雅宣
本文図版　松澤利絵

第1章　海からのまなざし

1　「海の日本」と天鳥船

いまから百年前の話である。京都帝国大学の社会学講座開設のために招聘された米田庄太郎は、一九一七年（大正六）「天鳥船」と題した論攷を著す。「アメノトリフネ」とは何か。天（高天原《たかまのはら》）と地（顕国《うつしくに》）を行き交う神々が乗る船の総称である。

米田はその文頭、「元旦早々から、まず『古事記』および『日本書紀』を繙《ひもと》いてしらべてみた」と記している。正月の静寂な書斎で米田は、「記紀」をどう読み解いたのであろうか。

米田はいう。『古事記』に「現わるる日本は、海の日本である」、これに反して『日本書紀』に「現わるる日本は、陸の日本であるという事である」。また「『古事記』は大洋的な詩的な古代日本を伝え、『日本書紀』は大陸的な合理的な古代日本を伝えるものではあるまいか」とその感慨を述べている。

天鳥船が「記紀」にはじめて登場するのは、神生み・国生み神話に記された「葦船《あしのふね》」である。イザナキとイザナミが最初に生んだカミ、三歳にしてなお脚の立たないヒルコを海に流した船である。この葦船は天磐櫲楠船《あまのいはくすふね》・鳥磐櫲楠船《とりのいはくすふね》とも記される。その後、国つくり、国譲り、海彦・山彦、神武東征神話には、カミが乗る白蘞皮船《かがみかはふね》・天乃羅摩船《あまのかがみふね》、天鴿船《あまのはとふね》、天磐船《あまのいわふね》などが記されるが、これらは天鳥船の別称である。

いずれも水鳥のように浮かび、鳥のように速く、楠でつくった頑丈な船を具体的に形容した呼び名となっている。実際、楠は杉とともに船材として用いられる。また、「記紀」には乗り物としての「フネ」ではなく、しばしば天鳥船は「カミ」としても登場する。米田はこの天鳥船について比較神話学を援用しながら、その実態を解釈していく。

南洋のポリネシア神話には、太陽（マウイ）と鳥の神話を結合した「鳥の形をなせる船が霊魂を彼岸に運ぶ」鳥船神話が知られている。米田はこうした南洋の鳥船神話が、「海の日本」における倭健命《やまとたけるのみこと》の霊が八尋白智鳥《やひろしろちどり》に化すことや天若日子《あめのわかひこ》の霊が鳥に導かれ彼岸に往く神話にも関連し、天鳥船神話にも影響を与えたと考えたのである。

「記紀」の天鳥船は神々の乗る船として描かれているが、もともとの観念は他界に往くための死者船だと推測した。それを証明するために、わが国では舟棺《ふなかん》に鳥に関係ある装飾、図、模様を描いた遺物が存在するかを「わが大学内の考古学者に尋ねたが、しかしまだかかる例は発見されないとの」と返事に落胆的な様子がうかがえる。米田が尋ねた考古学者は濱田耕作であろう。百年をへた今日、天鳥船を具現化した考古学的遺物は発見されているのであろうか。

2 房総の海

日本列島の地図をみると、「房総《ぼうそう》」とよばれる地域は弧状列島のほぼ中心部に位置している（**図1**）。外海の太平洋と東京湾・香取海《かとりのうみ》（霞ヶ浦）の二つの内海にかこまれた大きな半島部を形成している。「天鳥船」から俯瞰すると、房総半島は本州島に葡萄の房のようにとり付いた「ふさの国」に相応しい形状を呈している。古代の房総は半島先端部から安房《あわ》・上総《かずさ》・下総《しもうさ》の三国からなり、その地名の由来ともなっている。

房総の歴史と風土を考えるとき、その重要なキーワードは「海」だ。親潮と黒潮が運んでくる海の資源と豊かな漁場がこの地に生きる人びとの生活の恵みであり、生産基盤となっている。かつては親潮に乗って利根川以南までサケが南下し、アザラシやアシカなど北の海獣もあらわれた。また黒潮は温暖な気候と照葉樹をもたらし、回遊するマグロやカツオ、クジラやイルカもやってくる。それに加え、内湾の干潟には豊富な貝類が生息する。房総の人びとがこうした豊富な海の資源を生活基盤とした海民文化を形成するのは、縄紋時代からのことである。

房総半島には早くから貝塚をともなう縄紋時代のムラが出現する。全国の貝塚（三二〇〇カ所）の四分の一、約七五〇カ所の貝塚が房総半島に集中し、一大貝塚文化を形成する。北の親潮文化と南の黒潮文化が融合する海民社会、漁労に従事する縄紋人の姿が浮かんでくる。米づくりがはじまる弥生時代や人びとを支配する王があらわれる古墳時代になっても、平野部の少ない房総半島の社会は、依然として海が生産基盤の中心であったにちがいない。

古代になると、祭祀を職掌とした忌部氏《いんべうじ》の始祖太玉命《ふとだまのみこと》の孫、天富命《あめのとみのみこと》が阿波（徳島）の一族を率いて房総半島に上陸し、開拓がはじまったといわれる。良い麻（ふさ）の育つ地であることから「総（ふさ）国」のよばれるようになったとの伝承が忌部氏の書『古語拾遺』に記されている。すなわち「阿波」は「安房」に通じるというわけである。

忌部氏の海上移住はにわかに信じがたいが、この地の発展に海民集団がはたした役割は大きい。忌部氏の祖太玉命が祀られる安房神社は安房国一宮であり、安房郡は奈良時代に朝廷より特定の神社の所領・神域として定められた全国七つの「神郡《かみのこおり》」の一つとして設置された。

また、景行天皇が東国に巡幸した際に、膳氏《かしわでうじ》の祖「磐鹿六雁《いわかむつかり》」が白蛤《しろはまぐり》や鰹《かつお》で饗応した伝承が、「記紀」や宮内省内膳司《ないぜんし》に仕えた高橋氏が自家の由緒を記した『高橋氏文《たかはしうじぶみ》』などに記される。こうした饗応は安房の海民集団がヤマト王権への従属儀礼をあらわしたものと考えられている。白蛤はアワビとみられ、安房の特産物として朝廷に貢納されたことが知られている。

また、宮中の大膳職《だいぜんしき》には「御食津神《みけつかみ》」として安房大神が奉斎されている。律令国家にとって、総国は海をバックグラウンドとして「神」宿る国であり、アワビなど豊富な海産物の「食」の供給地であった。また、蝦夷《えみし》侵略の軍事的に重要な「海」の基地でもあった。豊かな自然と歴史的環境が育んだ房総半島は、「海」「神」「食」をキーワードとした縄文時代以来の独自の海民文化が形成されているのである。

それでは半島部の海岸線に残された多くの海食洞穴《かいしょくどうけつ》遺跡の発掘調査の成果から、房総の海を原点とした人びとの生活と歴史をふり返ってみよう。

N
長兵衛岩陰
本寿寺洞穴
松部洞穴
弁天崎洞穴
こうもり穴洞穴
守谷湾
荒熊洞穴
0
10km
大寺山洞穴

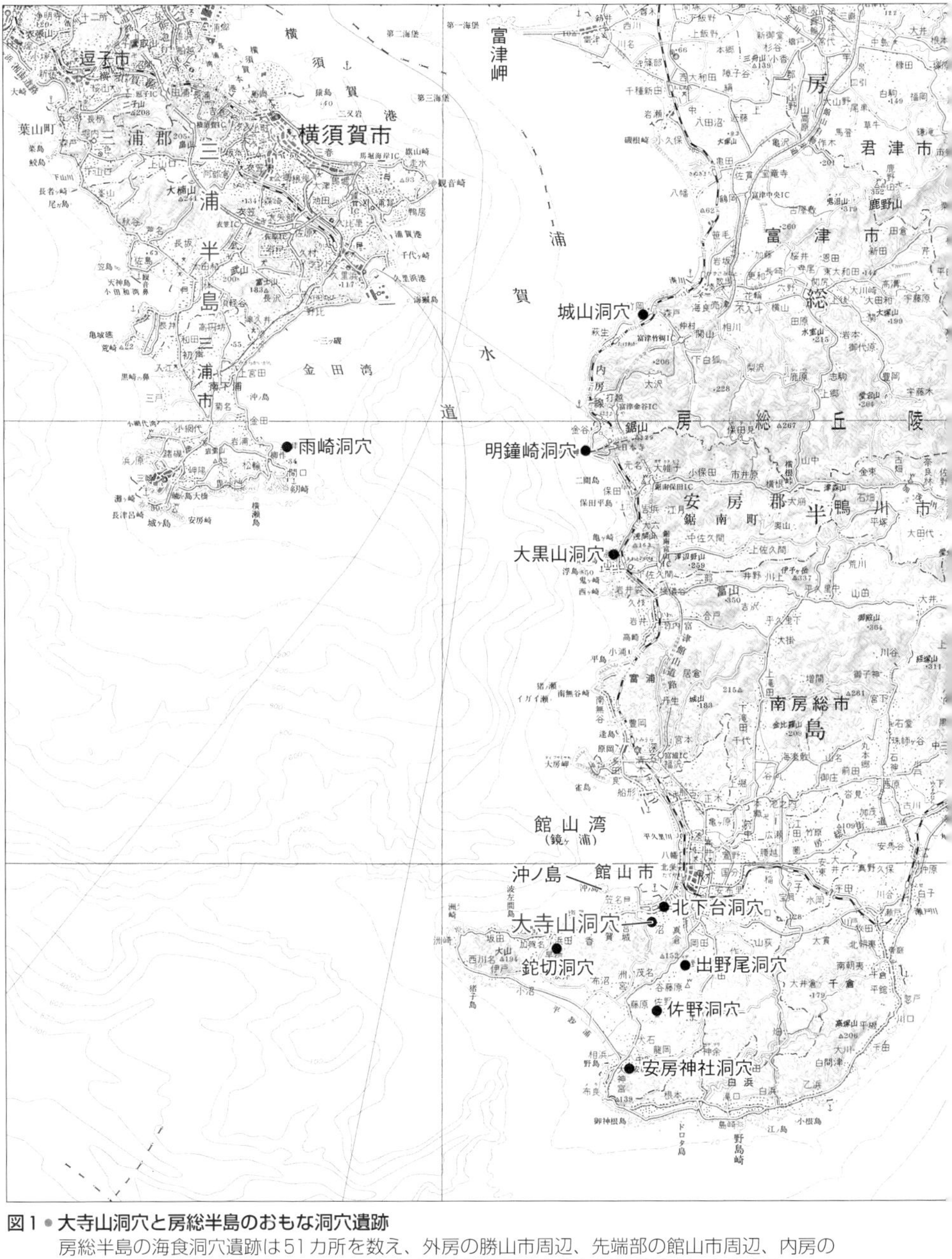

図１ ● 大寺山洞穴と房総半島のおもな洞穴遺跡

房総半島の海食洞穴遺跡は51カ所を数え、外房の勝山市周辺、先端部の館山市周辺、内房の富津岬以南の沿岸部に集中している。大寺山洞穴遺跡は館山湾を望む丘陵上に立地する。

第2章　海進と隆起のはざまで

1　安房の海が動く——海進・海退——

なぜ安房の海食洞穴は高い場所にあるのか

海食洞穴は海の波浪作用によってつくられるのであるから、通常、波打ち際の海岸縁に立地している。全国の多くの海食洞穴は、標高約五メートル前後の海辺にある。これにたいし大寺《おおでら》山《やま》洞穴（標高二六・五〜三〇・七メートル）をはじめ、安房の海食洞穴は海をみおろす標高約二五メートル前後の高台に位置している。また、海岸から約三キロも離れた谷津《やつ》の奥にも海食洞穴がある。なぜであろうか。

これは海水面が約二五メートルも上昇したからではない。こうした安房特有の海食洞穴の立地や景観は、完新世《かんしんせい》の縄紋海進とその後の隆起現象に起因している。本来、海辺にあった海食洞穴がその後の地殻変動によって大きく隆起したのである。

海食洞穴と縄文海進

まずは安房の縄文海進と隆起現象の実態をみてみよう。

海食洞穴は、長いあいだの波浪作用によって形成されたものである（図2）。海が存在するかぎり、どのような時代でも海食洞穴はつくられる。現在でも、富津岬《ふっつみさき》や外房《そとぼう》では波浪の浸食によって進行中の海食洞穴をみることができる（図3）。人が利用し遺跡となった海食洞穴の多くは、縄文海進の最盛期以降に形成されたと考えられている。

更新世《こうしんせい》の極寒期の東京湾の海水面はいまより一〇〇メートル低かったと推定されている。その後、氷河期が終焉する時期には、「七号地海進」とよばれる海進によってマイナス四〇メートルにまで上昇した。そして縄文時代に入り、完新世の温暖化にともない、さらに海水面は上昇する。

房総半島先端の大寺山洞穴遺跡の立地や沖ノ島《おきのしま》海底遺跡の存在から（図4）、縄文海進の上

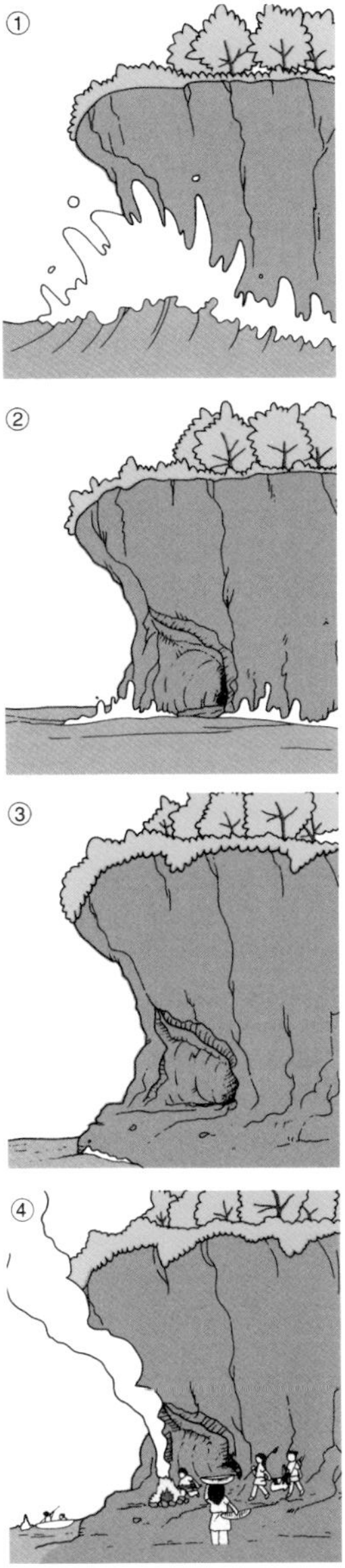

図2 ● 海食洞穴の生成過程
縄文海進によってつくられた海食洞穴が、その後の海退によって縄文人に利用される。

昇過程を示すいくつかの証拠がみつかっている。沖ノ島海底遺跡（**図5**）は大寺山洞穴遺跡の眼下の館山湾に浮かぶ小さな島である。現在は埋め立てられ、春には磯遊、夏には海水浴でにぎわう。しかし、現生サンゴの生息地を知る人は少ない。その浜辺に縄紋草創期・早期の遺跡が標高〇～マイナス一メートルに立地する。ふだんは海中に沈んでいるが、春と秋の大潮の時期に顔を出す。大寺山洞穴遺跡との比高は約三〇メートルになる。この間、縄紋海進で海水面が上昇したのである。

縄紋海進は大きく四段階に分けて上昇したと推定される。海水面が一気に上昇したのではなく、上昇期（温暖期）と停滞期（寒冷期）をくり返しながら、現在の海水面よりプラス約三メートルまで上昇したと考えられている。つぎに縄紋海進の上昇過程をみてみよう（**図6**）。

図3 ● 海食洞穴
外房の勝山市守谷湾の海食洞穴群。現在進行中の洞穴もある。

縄紋海進Ⅰ期

海水面が現在の海水面よりマイナス約三〇メートルまで上昇した時期で、縄紋草創期〜早期初頭にあたる。

沖ノ島海底遺跡は海進Ⅰ期の海水面を考えるうえで重要な海底遺跡である。現在は標高〇メートル前後に立地しているが、調査の結果、人びとが生活していた時には海水面より五メートル上にあったと推測できる。では、海抜マイナス四〇メートルからはじまった縄紋海進は、この時期どのぐらい上昇したのであろうか。大寺山洞穴遺跡（海抜約二八メートル）と沖ノ島海底

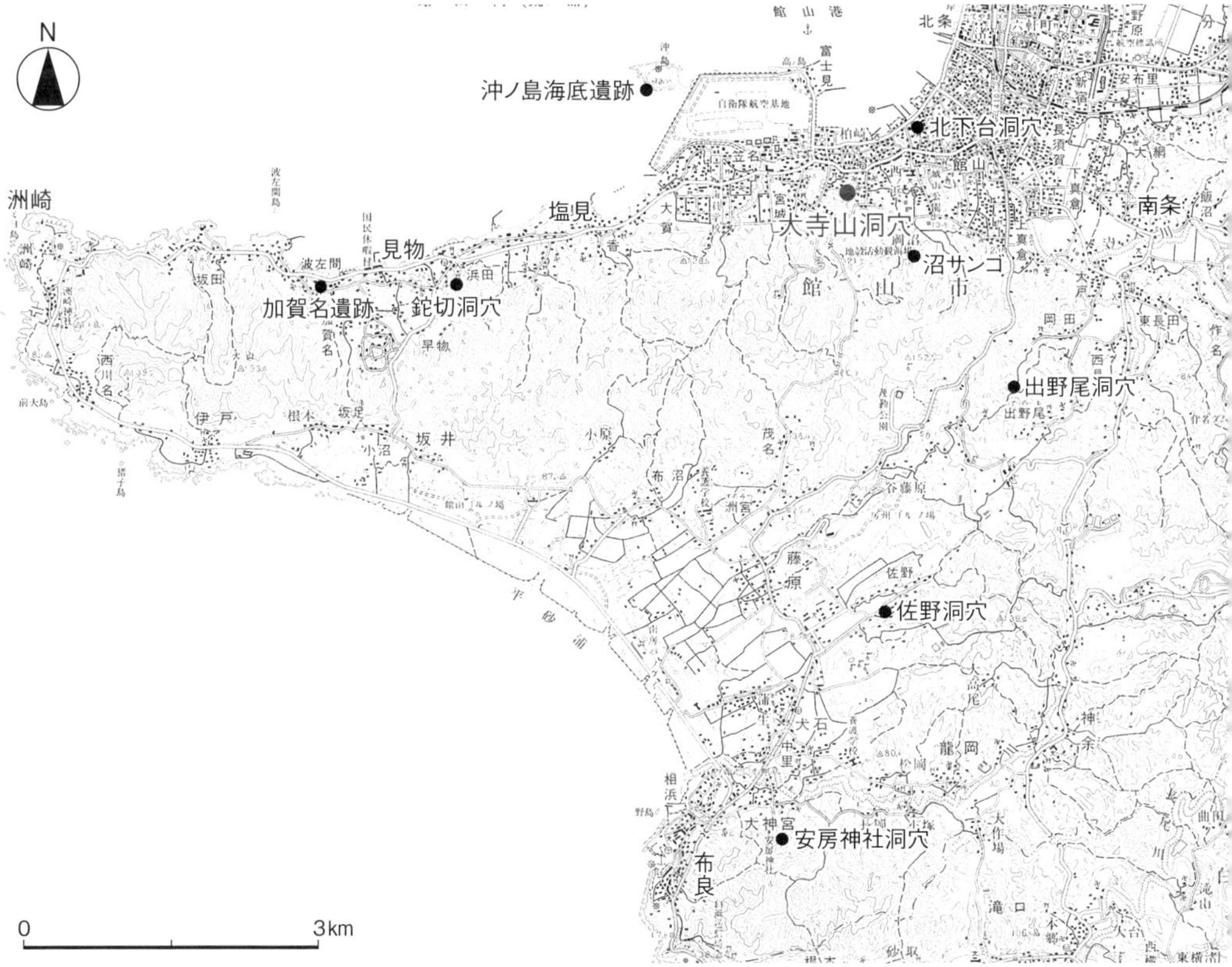

図4 ● 大寺山洞穴遺跡と沖ノ島海底遺跡の位置
館山湾南岸の丘陵に位置する大寺山洞穴から沖ノ島を望むことができる。
平野部の谷津には、海からもっともはなれた出野尾洞穴が立地している。
平砂浦側には安房神社洞穴や佐野洞穴が位置する。

遺跡（海抜〇メートル）の比高は二八メートル。この比高をもとに、沖ノ島海底遺跡形成時の海抜を推定してみよう。

大寺山洞穴遺跡は縄紋海進最盛期に形成されたもので、現在は海抜二八メートルにあるが、当時は海水面より三メートル上に位置していたと考えられる。一方、沖ノ島海底遺跡は形成時の海抜より五メートル上にあった。このことから大寺山洞穴形成時の海水面（標高約二八―三メートル）―沖ノ島遺跡形成時海水面（標高約〇―五メートル）＝海

図5●沖ノ島と沖ノ島海底遺跡の発掘風景
沖ノ島東側の汀線に、春と秋の大潮の時期に遺物包含層があらわれる。

抜約マイナス三〇メートルで、当時（縄紋草創期～早期初頭）の海水面は海抜マイナス三〇メートルになる。沖ノ島海底遺跡は、完新世の縄紋海進開始時の海水面（海抜マイナス四〇メートル）から約一〇メートル上昇した安定した海水面（寒冷期）の時期に形成されたのであった。

　遠く離れた長崎県松浦市でも、縄紋早期（押型紋《おしがたもん》土器の時期）の遺跡である鷹ノ島海底遺跡が海抜マイナス約二五メートルの海底に沈んでいることから、房総と九州の海でほぼ同じよう

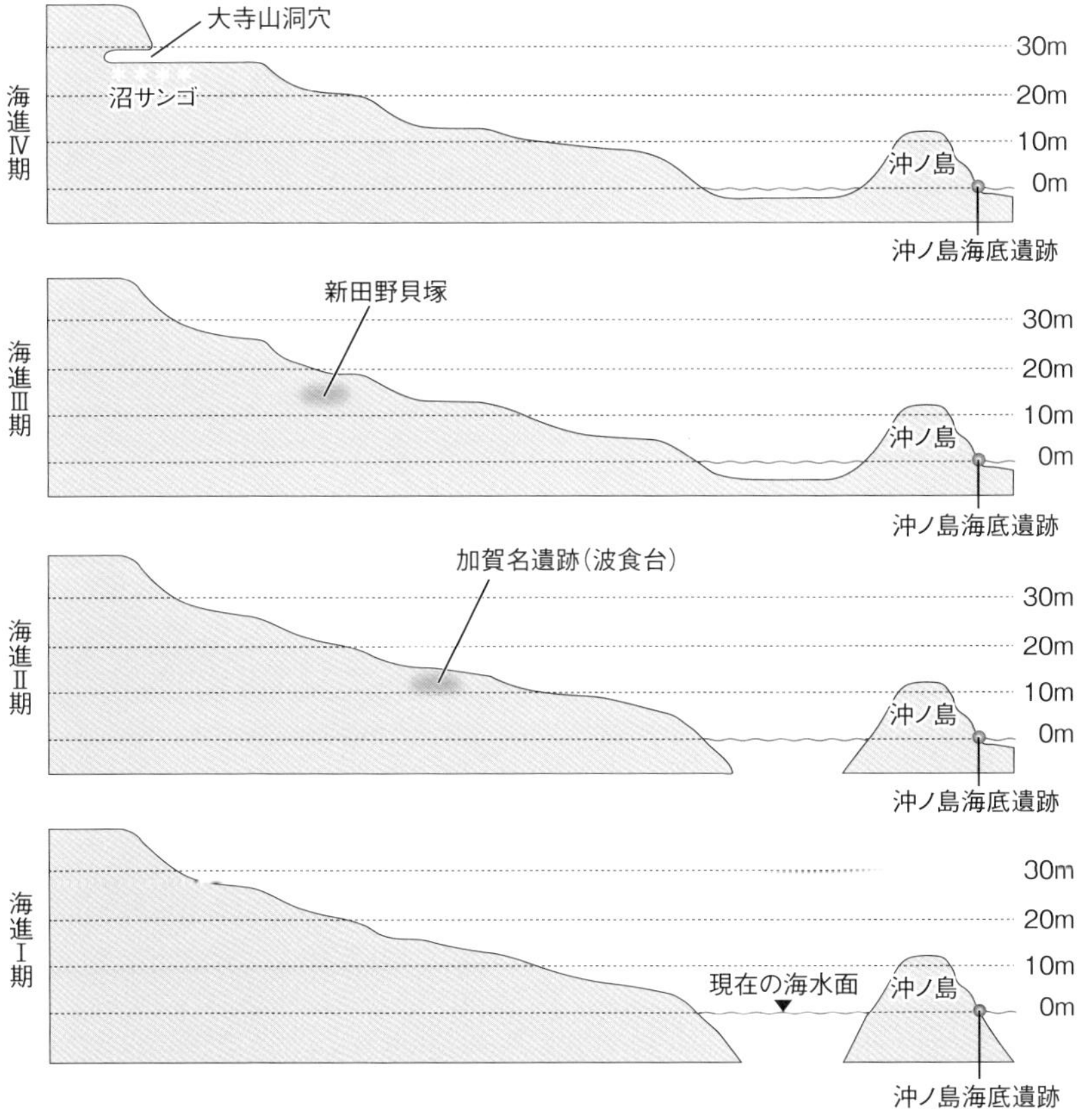

図６ ● 館山湾岸の縄紋海進
海岸段丘が発達していることから、縄紋海進が４段階に分かれて上昇したことが判明していて、その第Ⅳ期に大寺山洞穴がつくられた。

な海進現象であったことがわかり、たいへん興味深い。鷹ノ島海底遺跡の場所では、このあと述べる房総での隆起現象のような隆起が起きなかったために現在も海底にある。

縄紋海進Ⅱ期

海水面がマイナス一二メートルまで上昇した時期で、縄紋早期中葉にあたる。

この時期の海進を示す遺跡が、館山から西へ半島の突端にある州崎《すのさき》にむかう途中の波佐間《はさま》海岸近くの段丘上の加賀名《かがな》遺跡で発掘されている。標高約一三メートルの位置に、遺跡形成時の海岸を示す波食《はしょく》台《だい》（磯波で平らに削られた岩盤の面、**図7**）が発見されている。縄紋早期の土器（三戸《みと》式や田戸《たど》上層式、子母口《しぼくち》式）が出土しており、おそらく縄紋早期中葉には波に洗われていたと考えられる。

この加賀名遺跡と大寺山遺跡の比高は、約二八メートル—三メートル（大寺山洞穴形成時の海水面）

図7 ● 加賀名遺跡でみつかった波食台
写真下方、発掘区のなかの白くみえるのがかつての海岸の痕跡で、おそらく縄紋早期中葉（子母口式）の時期のものであろう。

—約一三メートル（加賀名遺跡の波食台の標高）＝約一二メートルとなる。すなわち縄紋早期中葉には海水面が海抜マイナス約一二メートルに達していたことが推定される。

同様の遺跡が、愛知県南知多半島にある縄紋早期中葉（押型紋文化高山寺《こうざんじ》式期）の先苅《まずかり》貝塚の海抜とも対応する。先刈貝塚は一九八七年の名鉄知多新線の内堀駅工事の際に地下約一〇メートルからみつかった遺跡で、泥や砂で埋まっていた。縄文海進で水没し、その後海の土砂で埋もれた遺跡である。

縄紋海進Ⅲ期

海水面がマイナス六メートルまで上昇した時期で、縄紋早期末にあたる。

安房先端部から離れた外房のいすみ市にある新田野《にったの》貝塚は海岸線から約一〇・五キロ入った新田野川左岸の標高一五メートルの低位段丘上にある。貝塚の形成期は縄紋早期末〜前期初頭で、貝層は汽水域や干潟に生息するオキシジミ・ヤマトシジミ・マガキなどで、海進期を示す貝類が主体である。

貝塚から南五〇〇メートルの標高約九メートルの川床でカキ礁が発見されている。カキ礁はほぼ当時の海水面の位置を示している。貝塚とカキ礁の比高は六メートル前後。すなわち縄紋早期末（茅山《かやま》上層式・下吉井《しもよしい》式）には、海進Ⅱ期の海水面（マイナス約一二メートル）から約六メートル上昇し、海抜マイナス六メートルに達したことがわかる。

これが縄紋海進Ⅲ期である。この時期、東京湾東岸では河口部に「低湿地貝塚」（五メートル前後）が形成される。また、九州は佐賀県の東名《ひがしみょう》遺跡（マイナス約一メートル）や日本海側では富山県の小竹《おだけ》貝塚（約二メートル）が形成されるのもこの時期であろう。

縄紋海進Ⅳ期

海水面が現在の海水面を越えてプラス三メートルに達した縄紋海進の最盛期で、縄文時代前期前半にあたる（図8）。

縄紋海進Ⅲ期の海水面（マイナス約六メートル）から約九メートル上昇したことになる。その結果、海水は関東平野の奥まで進行し、浅い内海が形成される。これを「奥東京湾」とよんでいる。現在、海に面していない栃木県や埼玉県、関東平野沿いの茨城県の湾奥部に多くの貝塚が分布するのはこうした理由である。奥東京湾沿いの貝塚は前期前半期（関山《せきやま》式・黒浜《くろはま》式）であり、縄紋海進の最盛期と考えられる。いずれの貝塚もヤマトシジミが主体で、若干マガキが混じる構成で、湾奥の河口部や干潟の環境であったことを示している。

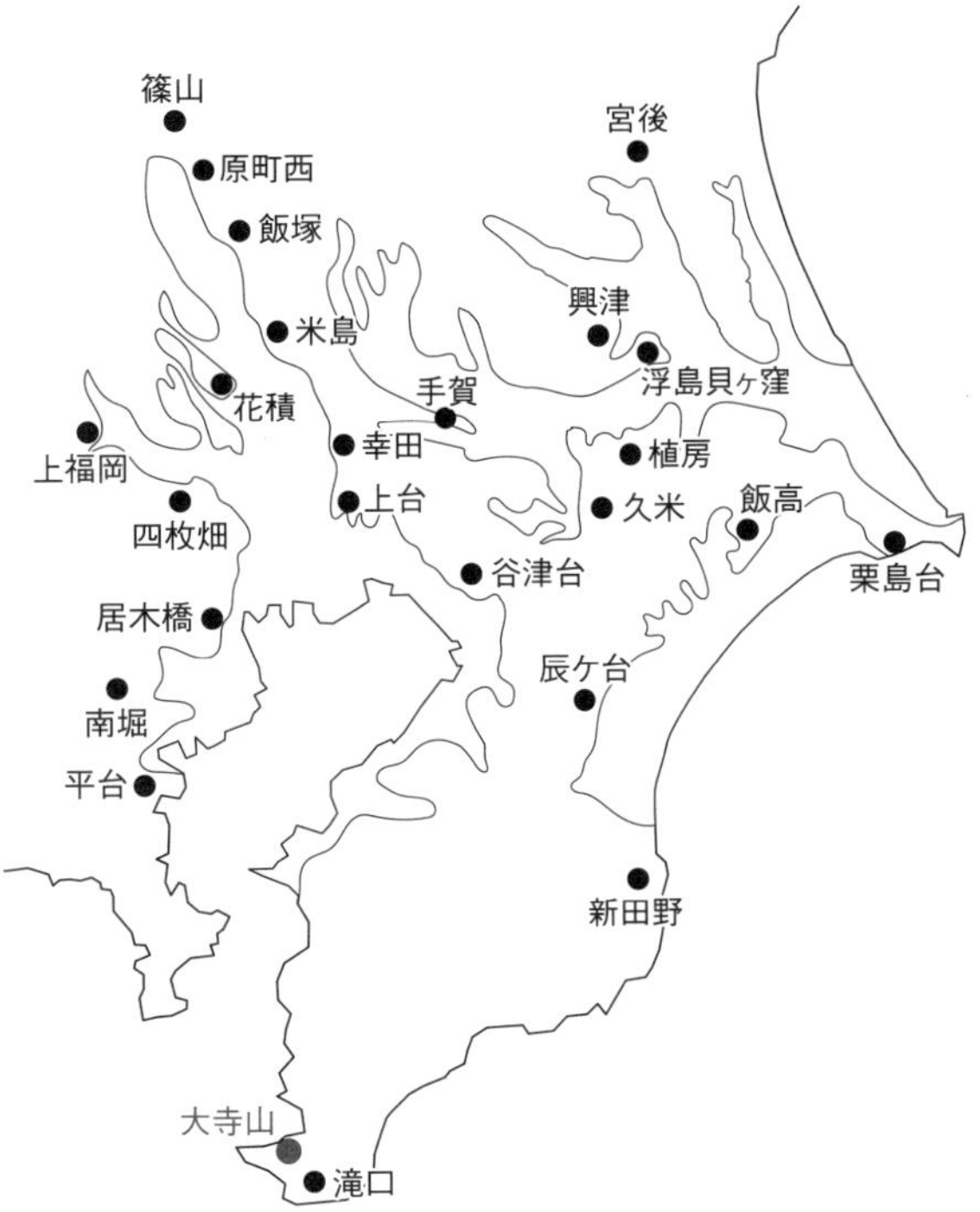

図8 ● 縄文海進の最盛期
海進は現海水面を越えて、関東平野の奥まで海がひろがった。

大寺山洞穴をはじめ、多くの海食洞穴はこの縄紋海進の最盛期（Ⅳ期）に形成されたと考えられている。

2　安房の陸が動く――隆起・沈降――

房総半島の先端、安房の海岸線は縄紋海進後の地殻変動により激しく隆起する地域として知られている。完新世の前半は縄紋海進によって海が動き、その後半は大地震によって陸が動いたのである。

こうした隆起によって形成された海岸段丘は四つあり、地元の地名をとって「沼段丘」とよんでいる（沼Ⅰ～Ⅳ面、図9）。一七〇三年（元禄一六）の元禄地震で大きな隆起が起こり、下位の海岸段丘（沼Ⅳ面）ができあがった。一九二三年（大正一二）の関東大震災では、たとえば安房先端の布良《めら》では約二メートルも隆起し、「大正ベンチ」とよばれる波食台が形成されている（図10）。

今日、海辺にあるはずのサンゴや海食洞穴が標高二五～二八メートルの丘陵上に立地しているのは、けっしてその高さまで海水面が到達していたわけではない。サンゴや海辺の洞穴が移動したのではなく、大地が動いたのである。縄紋海進後の激しい隆起運動によって、サンゴも海食洞穴も丘陵上に押し上げられたからだ。こうした地震性隆起によって、安房地域の地形や景観は大きく変貌し、今日の地形に至っている。

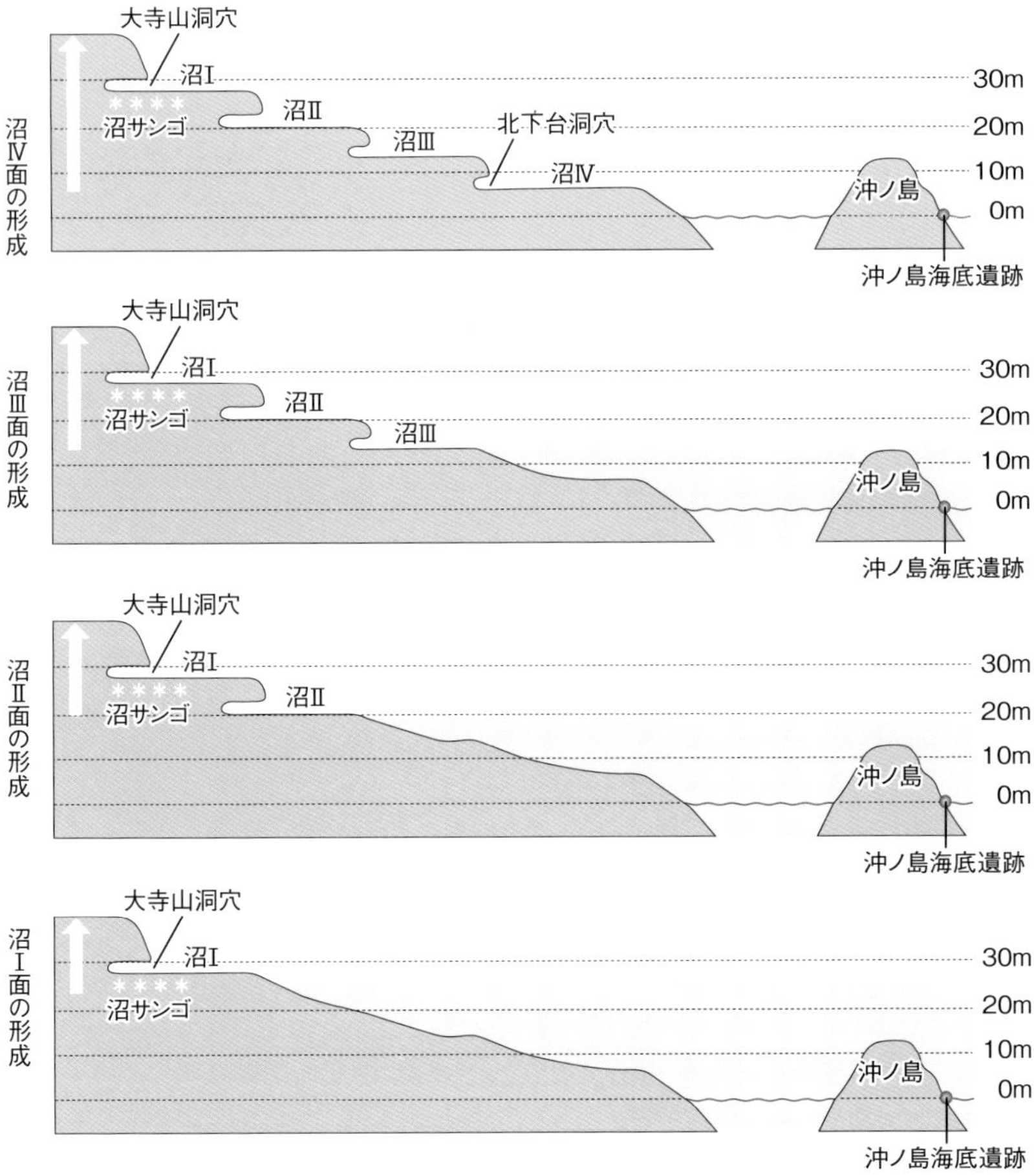

沼海岸段丘	年代	地盤隆起量	海面低下	相対的隆起量
Ⅰ 最上位面の形成	6,000〜4,000年前	7m	3m	10m
Ⅱ 上位面の形成	4,000〜3,000年前	3m	2m	5m
Ⅲ 中位面の形成	3,000〜1,500年前	5m	0m	5m
Ⅳ 下位面の形成	1,500〜700年前	3m	0m	3m
Ⅴ 最下位面の形成	700〜50年前	2m	0m	2m

図9 ● 館山湾岸の隆起と海退
隆起と海退によってできた沼段丘の各面（Ⅰ〜Ⅳ面）に海食洞穴がつくられている。

館山湾岸の南条《なんじょう》から汐見《しおみ》は、化石サンゴが産出することで知られている。「沼サンゴ礁」とよばれ、縄紋海進期の所産である（**図11**）。

沼サンゴは八〇種にもおよび、アオバナイボヤキ・キクメイシなどを主体とする造礁性サンゴである。現在でも沖ノ島周辺には「沼化石サンゴ」の後裔の現世サンゴが生きつづけている。これが世界の北限サンゴとして貴重な存在となっている。

こうした安房特有の沼サンゴとともに、安房の海岸段丘は、完新世の地殻変動を解明する重要なフィールドである。

先にふれたように安房には四つ海岸段丘が形成されている（沼Ⅰ〜Ⅳ面）。それぞれの段丘面の標高は、年代や標高に若干の差異はあるが、沼Ⅰ面が二六〜二三メートル、沼Ⅱ面が二一〜一六メートル、沼Ⅲ面が一四〜九メートル、沼Ⅳ面が六〜五メートルの位置にある。

その地殻隆起は縄紋時代後半に約一二メートル、

図10● 館山市見物海岸にみられる隆起
館山湾の波佐見海岸近くの見物海岸にある。右手の高い平坦面が1703年（元禄16）の元禄地震によって隆起した分で、左手の海に突き出た低い平坦面が1923年（大正12）の関東大震災で隆起した分。

縄文時代末〜弥生時代にかけて約五メートル、古墳時代に約三メートル、歴史時代〜関東大震災にかけて約三メートル、計約二五メートルほどが総体的に隆起したと推定されている。

こうした縄文海進後の隆起や海退現象により、それぞれの段丘面に海食洞穴が形成されたわけだ。一般的に上位の沼Ⅰ面のものが古く縄文前期、下位の海食洞穴が新しく、沼Ⅳ面は古墳時代の時期と理解されている。しかし、更新世前半の縄文海進が段階的に上昇する過程でも海岸段丘や海食洞穴はつくられたはずである。その痕跡は、その後の隆起や海退によって失われたのであろうか。沼Ⅰ〜Ⅳ面の海岸段丘や海食洞穴の形成過程については、いくつかの謎が残されている。

以上、安房の海食洞穴がどのようにつくられたかをみてきた。次章では、海食洞穴にある遺跡をだれがどのように注目し調査してきたかを追っていこう。

図11 ● 沼サンゴ礁
標高25ｍの丘陵上から現海岸近くにまで発見されている。
写真は館山市沼地区に保存されているもの。

第３章　房総半島の洞穴に太古を求めて

1　洞穴遺跡調査の歴史

洞穴遺跡への注目

先史時代の人びとは、自然の営力でつくられた洞穴を生活の場・信仰の場・埋葬の場として利用してきた。洞穴遺跡は雨・風・寒さをしのぐ格好の場所であり、時として暗黒の空間は神秘的な神聖の場、死の空間として利用されてきた。先史時代から開地《かいち》遺跡（オープン・サイト）とともに、洞穴遺跡（ケイヴ・サイト）が営まれた理由はここにある。

「山の洞穴」は旧石器時代から用いられたのにたいし、「海の洞穴」はそのほとんどが縄紋時代以降に用いられた。いまでも「海の洞穴」は漁舟や漁具の格納庫として、沖縄では洗骨の墓地として利用されている。

一九二四年（大正一三）秋のことである。房総半島の海食洞穴調査の扉を拓いたのは、勝浦に転地療養に来ていた旧制浦和高等学校の青年であった。それはだれあろう、後に東洋考古学の泰斗となる江上波夫である。

江上は洞穴遺跡の重要性に着目し、ヨーロッパのアルタミラ洞穴・ラシャペーユ洞穴・グルマルチ洞穴調査が旧石器時代人の研究に多大な貢献した事例を紹介し、つぎのように述べている。

「我国に於ても比較的閑却された（貝塚、横坑等に比して）天然洞窟の研究が将来我国考古人類学の一大照明となりはしまいかと期待するのである。而して大正七年富山県大境《おおざかい》の洞窟の発見はこの期待の不当でない事を証して、日本に於ても天然洞窟が先史時代人類によって住居とせられた事が判明し、縄文土器、弥生式土器、祝部土器が層位的に時代が決定されたのである」と大境洞穴遺跡の意義を正しく評価した。そし

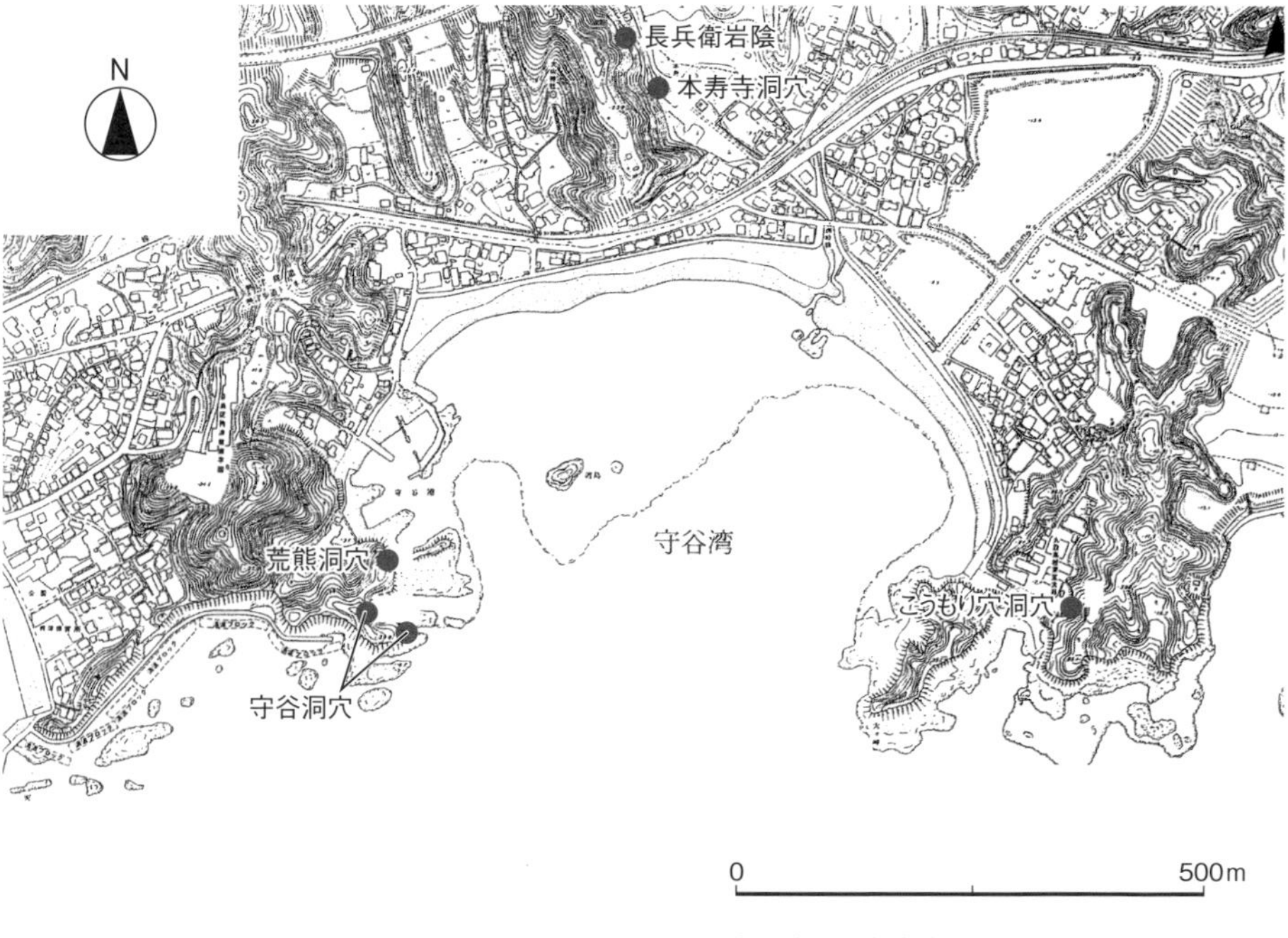

図12 ● 守谷湾の洞穴遺跡
房総半島ではじめて海食洞穴遺跡の発掘調査がおこなわれた守谷湾の洞穴群。

てみずから勝浦市の守谷《もりや》湾に点在する海食洞穴遺跡（図12）の調査に着手するのである。

調査は一九二四年（大正一三）〜二七年（昭和二）にかけて継続的に実施された。調査にあたっては、同級生となる東京帝国大学東洋史専攻の増井経夫《つねお》や地質学者の山崎直方《なおまさ》、人類学者の小金井良精《よしきよ》・松村瞭《あきら》、古生物学者の小澤儀明《よしあき》などを招聘し、総合的に研究を進めたのである。一介の高等学校生がどのようにして著名な研究者を声をかけたのか知る由もないが、すでに江上の資質と行動力を垣間みることができる。

同じころの一九二五年（大正一四）、安房神社から北に約二キロ行った佐野集落の岩見《いわみ》堂とよばれる丘陵先端の道路工事で佐野洞穴遺跡がみつかった（図13）。出土した多数の人骨や遺物を千葉医科大学の小池

南無阿弥陀仏
大正十五年七月建碑忌魂

大正十二年九月一日大震ニ遭ヒ里道大
破ス翌年里人復旧ノ工ヲ起シ石材ヲ旧
岩見堂址ニ採ル偶岩層ノ間ニ白骨数
軀ヲ発掘ス蓋中古時代ノモノナランカト
研究資料トシテ千葉医科大学に納ム

図13 ● 佐野洞穴遺跡の縦断面図と地元住民が建立した碑
佐野洞穴は現在、削平されている。発掘を記念して地元住民が千葉院門前に碑を建立した。

啓事《けいじ》と東京帝国大学人類学教室の八幡《やわた》一郎が調査した。そして地元住民が立派な記念碑を佐野の千葉院門前に建立した。郷土の歴史を後世に伝えていこうという住民の文化財保護の原点をみることができる。

戦前の洞穴遺跡研究の到達点

つぎの転機は一九三二年（昭和七）、大場磐雄《いわお》による安房神社洞穴遺跡の発掘調査である（図14）。抜歯人骨が多数出土したことで注目されることになる。後にこれらの資料は弥生時代の人骨として日本人形成論に重要な影響をおよぼすことになる。

一九三五年（昭和一〇）、館山湾築港工事にともなって、北下台《ぼっけだい》洞穴で土師器《はじき》・須恵器《すえき》・管《くだ》玉《たま》・鉄製品といった古墳時代の遺物が出土した。地元の郷土史家大野太平《たへい》が「北下台発掘記」を遺している（図15）。考古学者の篠崎四郎、三木文夫が参加し、遺物は東京国立博物館に保管されている。

またこの時期、対岸の三浦半島では、赤星直忠《あかぼしなおただ》が横須賀市鴨居《かもい》の鳥ケ崎《とりがさき》洞穴遺跡の調査を着

図14 ● 安房神社洞穴
井戸の掘削工事で地表下1mのところで偶然みつかった。人物の足下の井戸穴が洞穴に通じる。

手している（一九二四年〈大正一三〉）。

このように大正から昭和初期にかけては、大境洞穴遺跡の発掘調査を嚆矢として全国的に洞穴遺跡の調査が進展する時期であった。大場は、安房神社洞穴遺跡の発掘を契機に、洞穴遺跡を全国的に集成した。この時点で洞穴遺跡は五三カ所を数えている。洞穴の立地から海岸部（海の洞穴）と渓谷および山上（山の洞穴）に区分し、洞穴の成因、年代、性格（居住跡・埋葬跡）、特性などについて考察し、戦前における洞穴遺跡研究の到達点を示した。

戦後の安房地域の洞穴調査

戦後、安房地域の考古学的調査は一九五二年、千葉県教育委員会と早稲田大学の共催による勝山海岸を望む田子台《たごだい》遺跡（弥生時代）の発掘調査にはじまる。この調査を契機として同年、大黒山《だいこくやま》洞穴遺跡（勝山町）の調査が、つづく一九五三年、

図15 ● 北下台洞穴遺跡と大野太平（右）
沼Ⅳ面につくられた。もっとも低い海岸近くに立地している。
人物の左と右上の削平された岩盤に洞穴断面がみえる。

明《みょう》鐘崎《がねさき》洞穴遺跡（鋸南《きょなん》町）の調査が、その翌年一九五四年には千葉大学の神尾《かみお》明正《あきまさ》による出野尾《いでのお》洞穴遺跡（館山市）の調査がおこなわれた。

そして一九五六年、鉈切《なたぎり》洞穴遺跡（館山市）の本格的な発掘調査がおこなわれた（図16）。そして同年、鉈切洞穴遺跡や隣接する赤山遺跡の発掘に触発され、総持院《そうじいん》住職の寺田信秀らが大寺山洞穴遺跡の最初の調査を実施したのである（図17）。

しかし一九六〇年代以降、大学を主導とした安房における考古学的調査は下火になっていく。それは房総北部の成田空港や湾岸部の大規模開発にともなう緊急発掘調査の急増に追われたことも関連しよう。

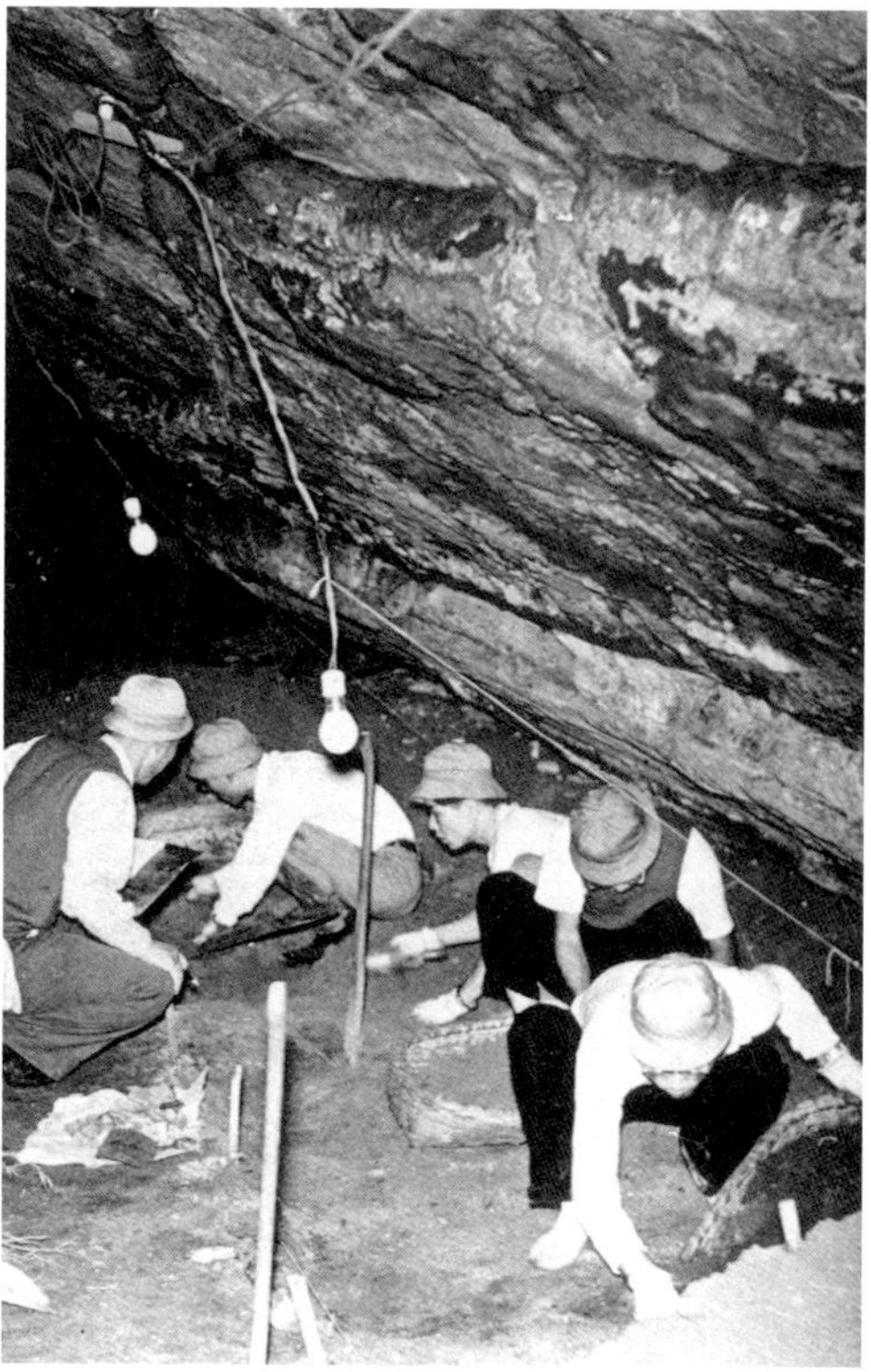

図16 ● 鉈切洞穴遺跡の発掘調査
安房地域の考古学調査の一環として、早稲田大学の学生を中心に発掘がおこなわれた。

『日本の洞穴遺跡』と千葉大学考古学研究室の調査開始

一方、「山の洞穴」では、一九五〇年代後半から六〇年代にかけて、山形県の日向《ひなた》洞穴

（一九五五年）、新潟県の小瀬《こせ》が沢《さわ》洞穴（一九五八年）・室谷《むろや》洞穴（一九六〇年）、長崎県の福井洞穴（一九六〇年）、埼玉県の橋立《はしだて》洞穴（一九六一年）、愛媛県の上黒岩《かみくろいわ》岩陰（一九六一年）などが発掘調査され、その成果は縄紋文化の起源を解明するものとして注目された。

これを契機として、日本考古学協会内に洞穴調査特別委員会が設置され、組織的な洞穴遺跡の調査研究が全国的に展開する（一九六二〜六四年）。これらの洞穴遺跡の報告と研究成果は一九六七年に『日本の洞穴遺跡』にまとめられた。この時点で全国の洞穴遺跡は約三五〇カ所を超えている。

その後、富津市の城山洞穴遺跡を君津《きみつ》郡市文化財センターが一九八四年に調査し、こうした洞穴遺跡調査をふまえて、筆者ら千葉大学考古学研究室は、縄紋文化

図17 ● **大寺山洞穴の発掘調査**
安房高等学校の生徒が参加したはじめての
大寺山洞穴の発掘。

研究の一環として安房の洞穴遺跡の調査を計画したのであった。

大寺山洞穴遺跡は、一九九二年の測量調査を手はじめに、翌一九九三〜九八年に七次にわたる発掘調査をおこなった。この調査で予想外に古墳時代の舟葬墓を検出し、全国的な話題となったのである。

2　海食洞穴遺跡

安房の海食洞穴遺跡は、対岸の三浦半島における赤星直忠・横須賀考古学会の一連の研究成果とともに海食洞穴研究の全国的な指標となる重要なフィールドとなっている。この東京湾西岸部と東岸部の海食洞穴のちがいは、一口でいえば、三浦半島が「弥生の洞穴」であるのにたいし、房総半島が「縄紋の洞穴」である点にあるといえよう。

房総半島の洞穴遺跡は五一カ所を数え、大きく館山湾を中心とした館山の洞穴遺跡群と、外房勝山市守谷湾の洞穴遺跡群、東京湾東岸の内房洞穴遺跡群に大別できる。本題の大寺山洞穴遺跡について述べる前に、房総半島南端のおもな海食洞穴を紹介していこう（**図1参照**）。

館山の洞穴遺跡群

館山の洞穴遺跡群は、館山湾から洲崎に至る洞穴群と外洋の平砂浦《へいさうら》に面した洞穴群に分けることができる。前者には鉈切洞穴・大寺山洞穴・出野尾洞穴・北下台洞穴遺跡があり、後者には安房神社洞穴・佐野洞穴遺跡がある。

出野尾洞穴遺跡　館山湾の北条海岸から約三キロ入った館山平野の谷津奥に立地する（**図18**）。海岸線からもっとも離れた海食洞穴で、縄紋海進最盛期（Ⅳ期）には、現在の平野部も奥館山湾ともいうべき大きな入り江を形成していたと推定される。

標高は約二五・五メートルであることから、沼Ⅰ面に形成された海食洞穴遺跡である。洞穴天井部には生痕《せいこん》化石（生物そのものではなくその活動の痕跡の化石）が発見されており、海進最盛期は標高約二六メートルまで海水面が達していたことがうかがえる。谷津対岸の小川の底には波食台（約二二・五メートル）の痕跡が確認される。

一九五四年に神尾明正が発掘したが、その概要は『館山市史』（一九七一年）によってわずかに知れるにすぎず、立地的にも謎多き海食洞穴遺跡であることから二〇一一年、千葉大学考古学研究室が再発掘を実施した。

図18 ● 出野尾洞穴遺跡の発掘調査
海食洞穴としては海岸からもっとも遠い平野部の谷津に位置する。間口約4.6m、奥行き約7.7m、高さ約2m。

洞穴の西側半分が未発掘であったため、そこの調査で多くの知見をえることができた。土層は三層に分層することができ、第1層は一九五四年の埋め戻し土で、第2層は厚さ約一〇センチの貝層で、マガキ・イボニシ・カガミガイが多く、ナガザル・オオノガイ・バテイラが若干混じり、第3層は砂岩の落盤を含む自然堆積層である（**図19**）。

出土遺物は縄紋前期末〜中期初頭（十三菩提《じゅうさんぼだい》式・下小野式）と後期前葉〜中葉（称名寺《しょうみょうじ》2式〜加曽利《かそり》B1式）、そして古墳時代中期後半〜後期の土師器の三時期に大別できた。貝層は層位的にみて縄紋前期末に形成されたものであろう。ほかに縄紋時代のカガミガイ製の貝輪、イモガイ製の垂飾《たれかざり》、黒曜石製の石匙《いしさじ》などが出土した。洞穴の利用開始時期は、前期末の十三菩提式からである。

鉈切洞穴遺跡　標高約四〇メートルの丘陵の舌状先端部につくられた船越鉈切神社の境内にある（**図20**）。洞穴入り口には拝殿と本殿が設けられ、海神

図19 ● 出野尾洞穴遺跡の土層
土層断面の落盤を含む赤褐色土層が基盤層で、その上に貝層が形成されている。

の豊玉姫命《とよたまひめのみこと》が祀られている。標高は約二五メートルである。

発掘調査は一九五六年、早稲田大学考古学研究室が中心となって前庭部・拝殿と本殿のあいだ・洞奥部の三カ所でおこなわれた。前庭部は縄紋後期の貝層があり、サザエ・イボニシ・レイシなど岩礁性貝

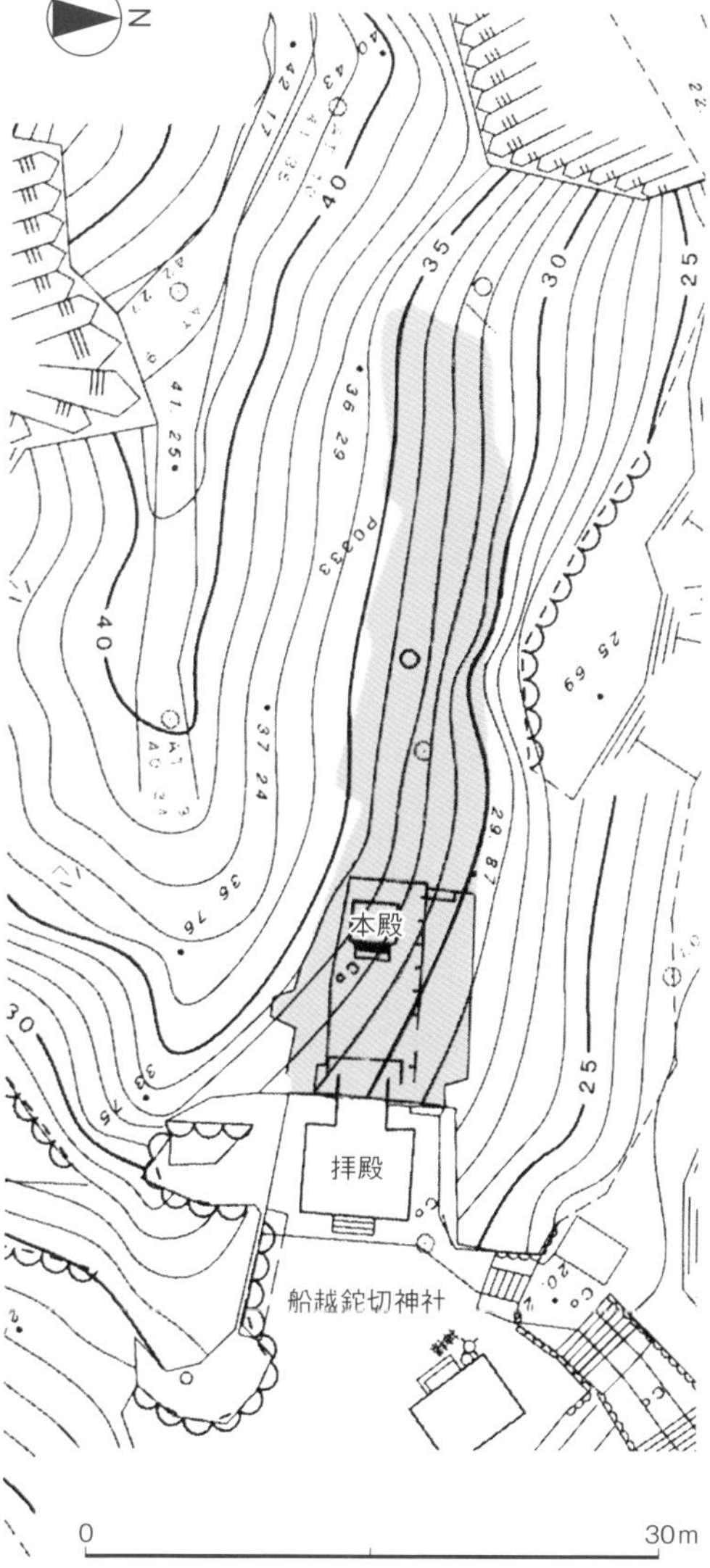

図20 ● 鉈切洞穴遺跡
船越鉈切神社の境内にある。拝殿と本殿は洞穴入り口にあり、洞穴前庭部と洞奥部を中心に発掘された。幅約5.9m、高さ4.2m、奥行き37m。

類が主体である。マダイ・ウツボなどの魚骨、シカ・イノシシ・ノウサギなどの獣骨などに混じって多量のマイルカが出土している。

出土遺物は縄紋前期末・中期初頭（十三菩提式・五領ヶ台《ごりょうがだい》式）、後期初頭〜中葉（称名寺式〜加曽利B1式）、古墳時代後期の土師器・須恵器などである。また、多量の釣針や銛《もり》などの骨角製品が出土し注目された。

神社にはクスノキ製の丸木舟（全長二・一九メートル・幅七〇センチ）が保存されている（図21）。洞穴の利用開始時期は前期末（十三菩提式）からである。

安房神社洞穴遺跡　安房国の筆頭大社である安房神社の一の鳥居を一〇〇メートルほど進んだ西に洞穴はある。西からのびる丘陵先端部で、標高は約二二・五メートルである。しかし、発見時からすでに洞穴は崩壊埋没しており、開口部もその規模もわからない「謎の洞穴」であった。

図21●船越鉈切神社の丸木舟
神社宝物庫に保存されているクスノキ製の丸木舟で、全長は12.19mと短く、半裁し舟棺として用いられたものか。

それが、関東大震災で大きな打撃を受けた安房神社が復旧事業の一環として参籠所を改築することになり、その付帯工事の井戸掘削で洞穴の存在が明らかになった。洞穴の天井部を掘り抜いた井戸の底から多数の人骨が出土したのである。

調査は國學院大學の大場磐雄が実施した。多数の抜歯人骨を含む遺物包含層は黒色土層中にあり、その下層は無遺物層の砂礫層が水平に堆積していた。おそらく海進時の海成層であろう。多量の人骨にたいして遺物はきわめて少ないが、二〇〇点を超える未成品を含めた貝輪の出土は特記されよう。また出土した小型坩《かん》は多量の人骨の頭蓋骨のかたわらにおかれていたという。大場は坩を含めた無紋土器の大半を「広義の弥生式土器」と判断した。今日に至るまで「弥生時代の洞穴」「弥生時代の抜歯人骨」として、多くの研究者の注目されることになる。

洞穴の規模も実態も不明な点が多いことから、二〇〇八、〇九年に千葉大学考古学研究室が発掘調

図22 ● 安房神社洞穴遺跡の発掘調査
左側の岩盤が洞穴の側壁部分。開口部は写真上端に位置する。奥行き14.5m、幅3.5m以上。

査を実施した（図22）。天井部はすでに破壊されていたが、洞穴の北側壁と開口部付近で南側壁の一部を確認し、奥行き一四・五メートル・幅三・五メートル以上の規模であったと推定される。また北側壁に波浪による痕跡や穿孔貝の生痕が確認され、約二五メートルの位置まで海水面が達していたことが判明した。

遺物包含層は、戦前の調査同様、有機質黒色土（3層）と考えられるが、すでに攪乱されていた。出土した土器は少ないが、縄紋前期末（興津《おきつ》2式）〜中期（加曽利E式）、後期初頭（称名寺式）若干、晩期末の東海地方「五貫森《ごかんもり》式」に対比される凹線紋系土器が主体で、丹塗りの大洞《おおぼら》A1式もともなう（図23）。ほかに磨製石斧《ませいせきふ》、貝輪未成品、ツノガイ製管玉などである。貝類はサザエ・アワビを主体としてカキ・アサリが出土している。

洞穴の利用開始時期は縄紋前期末からで、多くの抜歯人骨の埋葬された時期は、「弥生時代」ではなく縄紋晩期末であろう。

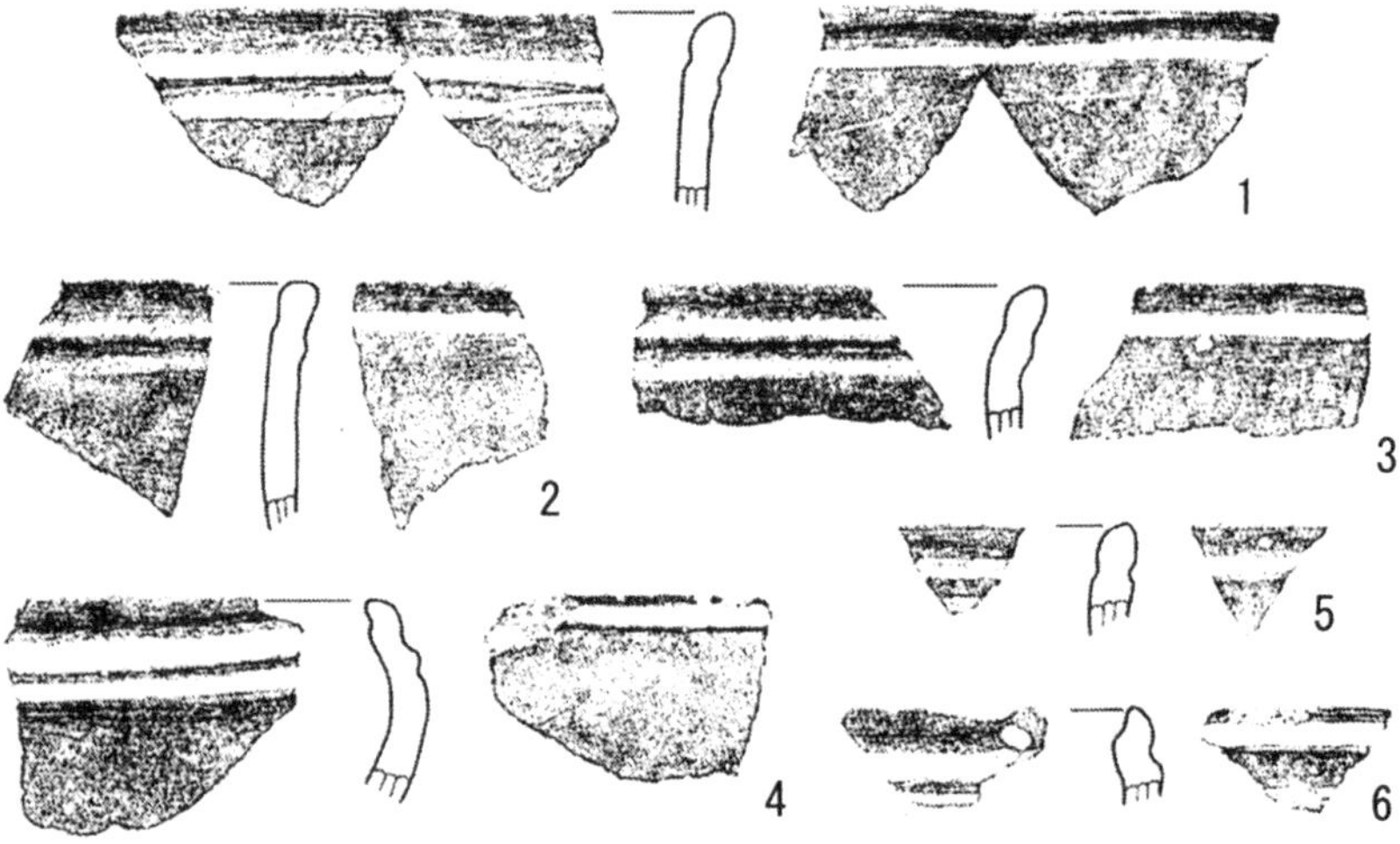

図23 ● 安房神社洞穴遺跡出土の土器
晩期末の東海系土器（1 〜 5）と東日本の大洞式土器（6）が共伴した。

佐野洞穴遺跡　本遺跡の発掘調査については本章冒頭で述べた。記録によると、人骨は合わせて二〇体近く出たらしい。頭蓋骨の残る三体はいずれも男性で、うち一例は脳の大きさが異常に小さく「小頭症」の人骨であった。

安房神社洞穴遺跡の人骨を鑑定した小金井良精は佐野洞穴人も弥生時代の人骨と判断したが、この人骨には抜歯は認められていない。現地を踏査した八幡は、包含層は凝灰岩の崩壊土の下の砂層にあり、遺跡は海食洞穴に営まれたと推定している。砂層にはアカガイ・アワビ・クジラ・シカ・軽石などが含まれていた。

年代が明らかになる土器は一点もなく、装身具が四点出土している（**図24**）。副葬品であろうか。一点は大きなチョウセンハマグリ製の貝製品で、貝の中央に六センチの孔を開け、腹側縁を波形の大きくえぐっためずらしい「楓形腕輪《かえで》」とされるものである。あとの三点は石製の勾玉状装身具である。うち二点は大理石製、一点は蛇紋岩製である。類例は三浦半島の海食洞穴遺跡にもみら

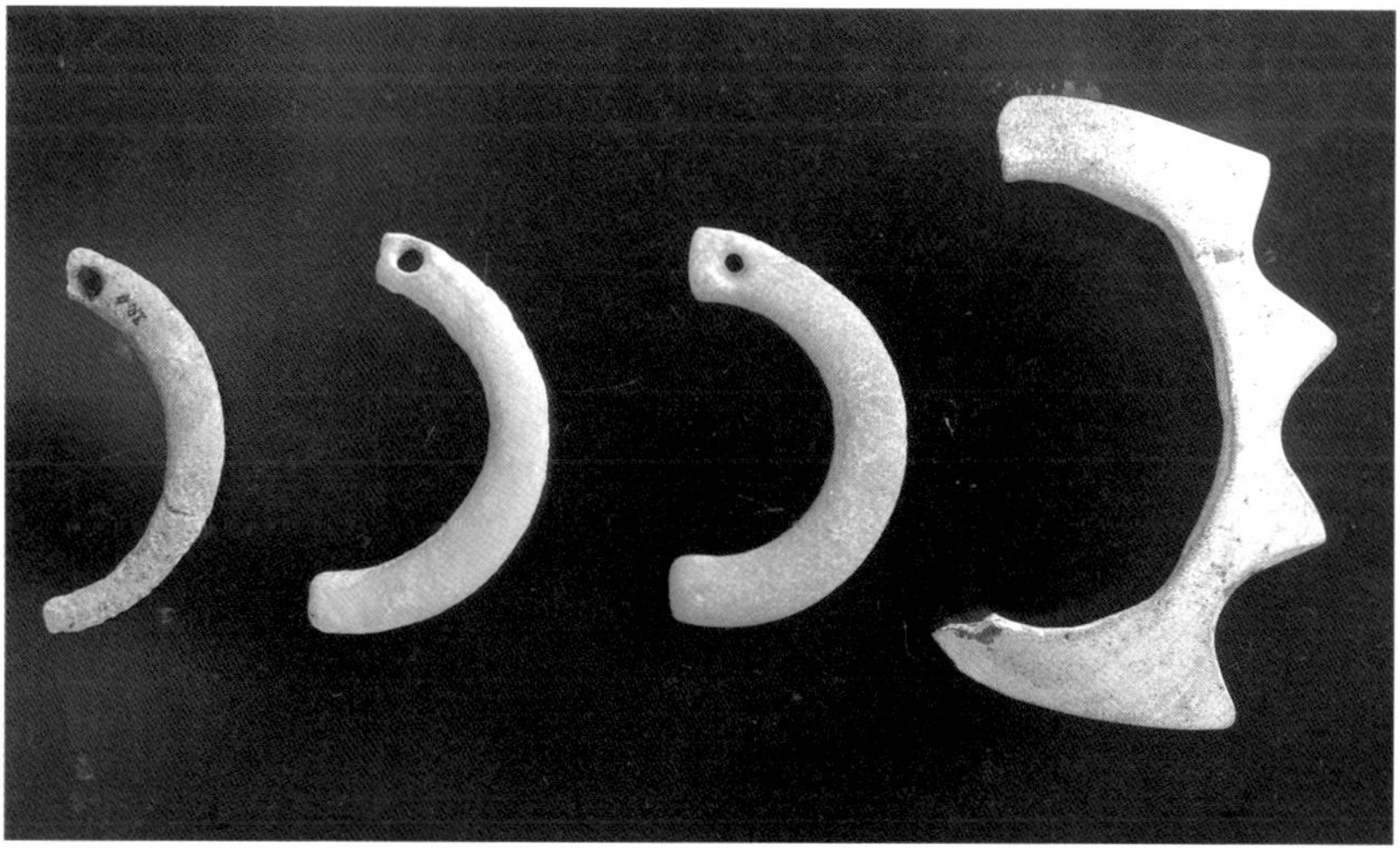

図24 ● 佐野洞穴遺跡出土の装身具
石製の勾玉状装身具と大型のハマグリをもちいた「楓形腕輪」とされるもの（右端：高さ約9cm）。

れるが時期は不明である。いずれもめずらしい装身具であり、八幡は石器時代のものと推定している

北下台洞穴遺跡　一九三五年（昭和一〇）、館山湾港湾工事の土砂採集のため、北下台の小丘を爆破したところ、岩盤に洞穴がみつかった。この北下台洞穴遺跡は館山湾の海岸部から数十メートル離れたところにあり、標高は約五メートルである。規模は不明であるが、奥行きは十数間（一八メートル以上）におよぶ。

発見の記録は大野太平の『北下台発掘記』に残されている。遺物や人骨が出土したのは洞奥に近い場所であったらしい。遺物は古墳時代の土師器・須恵器・刀剣・銅釧《どうくしろ》・勾玉・管玉など、人骨は屈葬であったことが記されている。

守谷湾の海食洞穴群

守谷湾の海食洞穴は館山洞穴遺跡群とは異なり、太平洋側の外洋に面している。また古代の上総国に属する。安房の先端部とは異なり、地殻隆起の変動は大きくない（**図25**）。

本寿寺《ほんじゅじ》洞穴遺跡　守谷湾から国道一二八号線・ＪＲ外房線を超えた日蓮宗本寿寺の本堂脇にある。本寿寺川右岸の南北にのびる丘陵の東側裾部に開口している。守谷湾から一八〇メートル入った湾奥の河口部に位置し、標高は六メートルである（**図26**）。洞奥はフィッシャー（裂け目）状となる。

発掘調査は一九九九年～二〇〇〇年の二次にわたっておこなった。洞穴内は戦時中防空壕と

して利用された際の削平・攪乱を受けていた。遺物はすべて混在で、洞穴形成時の破砕貝を含む海成砂層が互層（一三層）となって厚く堆積し、約三メートル掘ったところで水が湧いてきた。遺跡形成後も沈降や海進・津波の波浪作用、本寿寺川氾濫によって包含層は流出したものと推定される。元禄地震（一七〇三年）の津波は洞穴天井部まで押し寄せたとも伝えられている。

天井部には貝に混じって土器片が固着しており、本来の包含層は天井近くまで堆積していたことをうかがわせる。わずかに洞奥部の狭い部分で、黒褐色の包含層を確認することができた。江上の調査時（一九二七年）においても包含層は削平されていた可能性が高い。

出土した遺物は少なく、縄紋後期後

荒熊洞穴

守谷洞穴

本寿寺洞穴

長兵衛岩陰

図25 ● 守谷湾の海食洞穴遺跡
湾の西端の荒熊洞穴・守谷洞穴と湾の中央部の
本寿寺洞穴・長兵衛岩陰（図12参照）。

半（加曽利B2式・安行《あんぎょう》1・2式）・晩期、弥生時代中・後期、古墳時代・歴史時代の土師器・須恵器である。ほかに弥生時代の銅釧、古墳時代の銅釧・鉄鏃《てつぞく》・刀子《とうす》などの金属製品。わずかではあるが、注目すべきは弥生時代末〜古墳時代前期の卜骨《ぼっこつ》が出土し、卜骨占いがおこなわれたことが確認できた。また同時期の鹿角製垂飾も出土している。あわせて人骨・シカ・イノシシ・イヌ・ウサギ・アナグマなどの獣骨、アビ・ウミウなどの鳥骨なども出土した。洞穴の利用開始時期は縄紋後期からと推定できる。

三浦半島の卜骨風習が房総の洞穴遺跡でも確認できた意義は大きい。これがこうもり穴洞穴遺跡の多量の卜骨の発見につながっていくのである。

長兵衛岩陰遺跡　本寿寺洞穴遺跡の発掘に併行して、分布調査でみつかった長兵衛岩陰遺跡

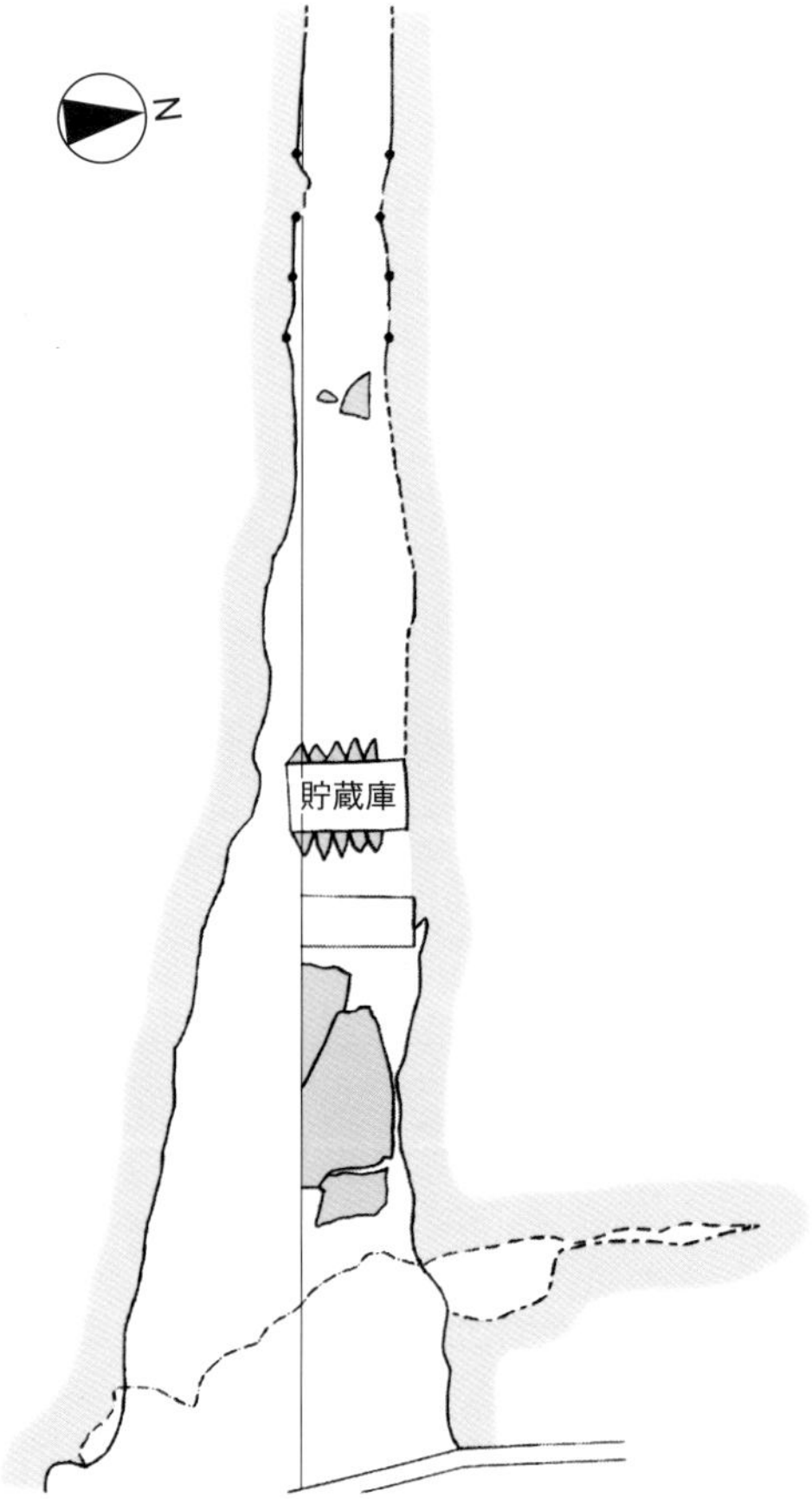

図26●本寿寺洞穴遺跡
江上波夫が戦前に発掘した洞穴遺跡のひとつ。包含層はすでに消失し、遺物はすべて二次堆積であった。

の発掘も同時におこなった。遺跡名の「長兵衛」は、地主（佐久間定之）の屋号である。本寿寺洞穴遺跡と同じ本寿寺川の右岸、上流八〇メートルの丘陵裾部にある。標高は一一・五メートルである。本寿寺洞穴より高い標高にあり、海進最盛期に形成されたものとも考えられるが、本寿寺川の浸食によるノッチ（海食窪）の可能性も考えられる。基底部まで発掘していないが、海成砂層がみられないこともその理由の一つである。

発掘調査は岩陰内部から前庭部にかけておこなった（図27）。岩陰天井部まで丘陵上部から流れ込んだ土砂をとり除くと、水平に堆積した包含層があらわれた。粘質の強い粘土層で、各包含層からは焼土や炭化物がみつかった。

上層から順に加曽利B式→堀之内《ほりのうち》式→称名寺式の縄紋後期の土器が層位的に出土した。中期末（加曽利E4式）も出ており包含層はつづくが、発掘は約二メートルで中止した。

図27 ● 長兵衛岩陰遺跡の発掘調査
守谷湾中央の湾奥に位置し、標高はもっとも高い（11.5m）。

遺物は復元できる個体が数点あり、原位置をそれほど動いていない。ほかの土器片錘《どきへんすい》や石皿《いしざら》は出土したが、石鏃《せきぞく》や石斧《せきふ》、獣骨・魚骨・貝類などの自然遺物はみられない。房総では石皿の出土はめずらしく、四つの脚をもつ精巧なつくりで、石皿の底が抜けるまで使い込んでいる。廃棄後は一部、凹石として再利用されている。

こうもり穴洞穴遺跡　この洞穴は守谷湾の東側の大ヶ岬《おおがみさき》の付け根部分にあり、湾を望むように立地している。標高は七・五メートルである。房総半島最大級の海食洞穴であり、奥壁の先はフィッシャー状にのびており、地元では丘陵を越えて隣の湾まで抜け穴になっている噂されている。

現在、都立九段高等学校（旧東京市立第一中学校）の臨海施設「至大荘」の敷地内にある。戦時中、この施設は海軍の魚雷基地として接収され、洞穴は人間魚雷の格納庫に整備された。一九二七年（昭和二）発掘時にみられた開口部の南側壁も一部削られ、入り口をおおっていた堆積土も削平され、洞穴床面は水平に整地されている。二度にわたって試掘を試みたが、スコップに刃が立たぬほど固められていたのは海軍による整地のためであった。測量調査をおこなった際に、最後の挑戦を試みると、なんと強固な整地土の下から卜骨と弥生式土器が出土した。さあ！発掘だということで二〇〇一、〇二年の二カ年にわたり発掘調査をおこなった（**図28**）。

発掘の目的は、もちろん房総における卜骨風習の解明である。卜骨は、わずかではあったが本寿寺洞穴遺跡で出土し、同じ守谷湾のこうもり穴洞穴遺跡からもつづけて出土したのである。期待がふくらんだ。発掘の結果、四〇点近くの卜骨（**図29**）とそれを占ったアワビの殻を敷きつめた卜庭《うらば》遺構がみつかったのである。卜骨は全国的にみつかっているが、占場の遺構はきわめてめずらしい。時期は弥生末～古墳時代前期である。

房総を代表する卜骨の遺跡となったが、洞穴の利用開始時期は縄紋後期後半（加曽利B2式・曽谷式）である。本寿寺洞穴遺跡とほぼ同じ利用時期を示している。

荒熊洞穴遺跡　山崎直方が「守谷洞穴」と紹介した海食洞穴遺跡である。山崎は洞穴内の堆積の層序から「四回の隆起と二

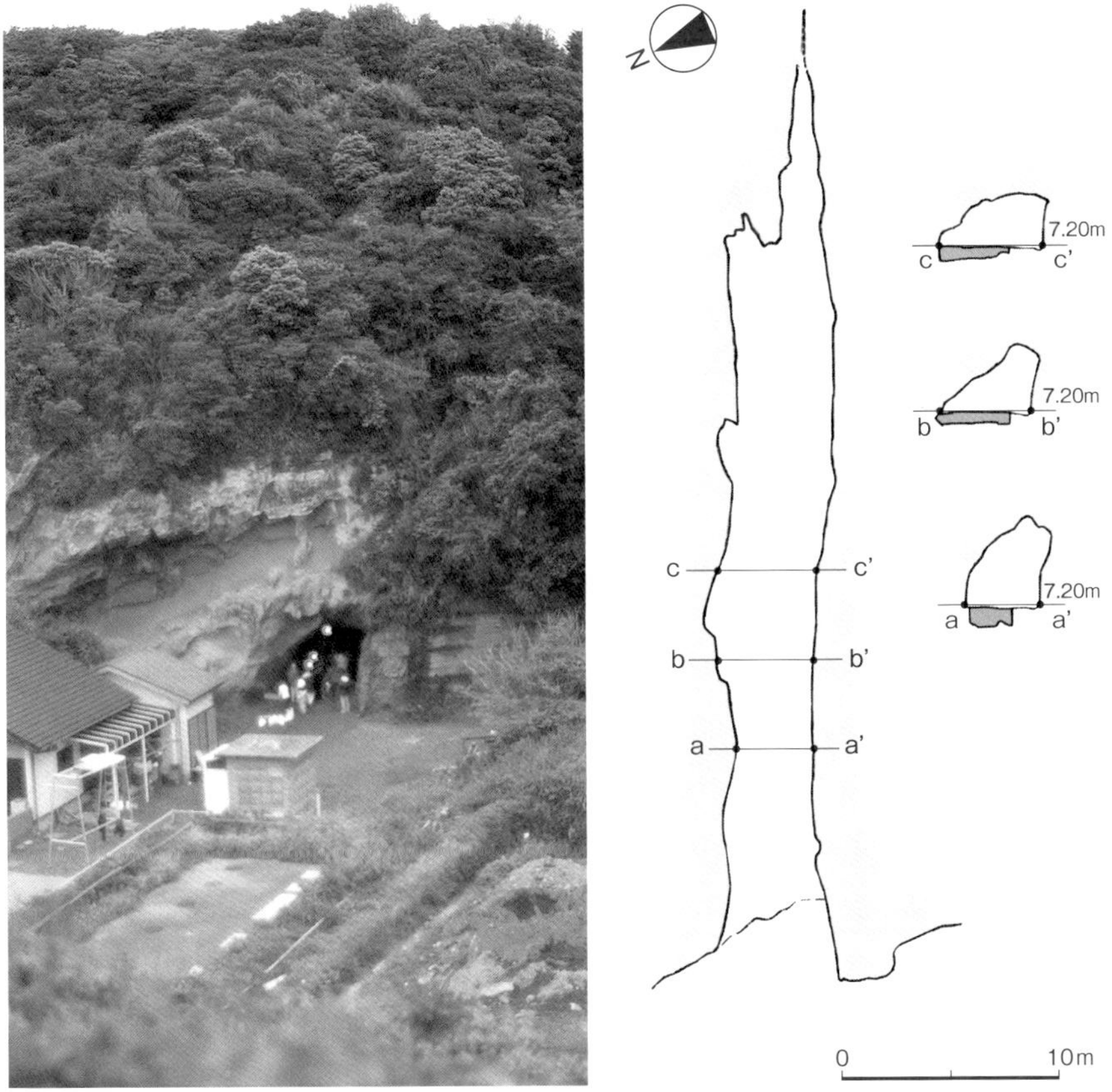

図28 ● こうもり穴洞穴遺跡の発掘調査
江上波夫が戦前に発掘した洞穴のひとつ。多数の卜骨とアワビを敷きつめた卜庭（占いの場所）がみつかった。

回の沈降」があったことを検証した。洞穴の形成とその後の地殻変動について考察しているが、まだ海水面変動すなわち海進・海退についてのまなざしはない。

新たな測量調査により、標高は二・六メートルで、汀線《ていせん》まで約一〇メートルとまさに海岸縁に立地している。現状では堆積土はなく岩盤が露出するが、戦前の江上の調査時には、「弥生式土器」やシカ・イノシシなどを含む包含層が確認されている。「褐色粗製」「平行線の素焼」の土器は、今日の知見からすれば古墳時代以降の土師器の可能性が高い。

弁天崎洞穴遺跡　守谷湾西隣の興津湾に面する。弁天崎の丘陵先端部に位置する比較的小さな洞穴である。現在は崩落が激しく、洞穴の痕跡を残すのみである。人骨や「弥生式土器」、アワビ・カキ・ヨメカサガイ・イシダタミなどが出土した。荒熊洞穴遺跡同様、「弥生式土

図29 ● こうもり穴洞穴遺跡でみつかった卜骨
シカ・シノシシの肩甲骨や寛骨、肋骨をもちいた卜骨が40点近く検出された。

器」とされるものは古墳時代以降のものであろう。

松部洞穴遺跡　守谷湾に隣接する勝浦湾西端の松部《まつべ》漁港の標高約三メートルに立地しているが、規模は不明。縄紋土器や鉄製刀が出土したともいわれている。

東京湾東岸の洞穴遺跡群

三浦半島を望む富津岬以南の内房の海岸沿いに、城山洞穴・明鐘崎《みょうがねさき》洞穴・大黒山《だいこくやま》洞穴遺跡など多くの海食洞穴遺跡が分布し、館山の洞穴遺跡群につづく。

大黒山洞穴遺跡　鋸南町勝山港の北側の凝灰岩におおわれた大黒山裾部の海岸縁に位置している。標高は約五メートル。一九五二年、採砂工事によってみつかったもので、早稲田大学の瀧口宏らが調査した。

人骨とともに出土した遺物は、古墳時代後期~歴史時代の土師器・須恵器のほか、玉類（勾玉・ガラス玉・切子玉《きりこだま》・臼玉《うすだま》・土玉《つちだま》）、金環、鉄製品（刀・鏃）などである。おそらく埋葬にともなうものであろう。木製盆とされるものは舟棺の一部かもしれない。

明鐘崎洞穴遺跡　一九五四年に採石工事中に発見されたもので、安房と上総の郡境（鋸南町・富津市）にあたる明鐘崎の海食崖に立地している。三つの海食洞穴が確認されている。第1洞は標高約一七メートル、第2洞は標高約七メートル、第3洞は標高約二〇メートルの位置に開口している。第1洞からは弥生後期（久《く》が原《はら》式）の完形土器二点（**図30**）、人骨が出土している。第2洞・第3洞からは古墳時代の土師器が出土している。第2洞からは鉄製品（鏃・

刀子・馬具片）などが出土したといわれる。

城山洞穴遺跡　富津市竹岡《たけおか》の南側にある城山の岩塊が東京湾に迫る海食崖に立地している。海岸から約三〇メートル、標高約八メートルの地点に位置する。洞穴最奥には弁天社が祀られ、開口部には鳥居が設けられ、地元の信仰の対象になっている。

一九八四年、弁天社参道の拡幅工事にともなって君津郡市文化財センターが発掘調査している。出土遺物は縄紋晩期（安行3a式）土器、弥生土器、古墳時代土師器、歴史時代に至る遺物が出土している。開口部の南壁付近には晩期の貝層があり、多数の貝輪の未成品（ベンケイガイ・タマキガイ・サルボウ・アカニシ）が出土し、安房神社洞穴遺跡同様、貝輪の製作跡とみられる。人骨のほかシカ・イノシシの獣骨、カキ・サザエ・アワビなどの貝類、魚骨・鳥骨なども出土している。

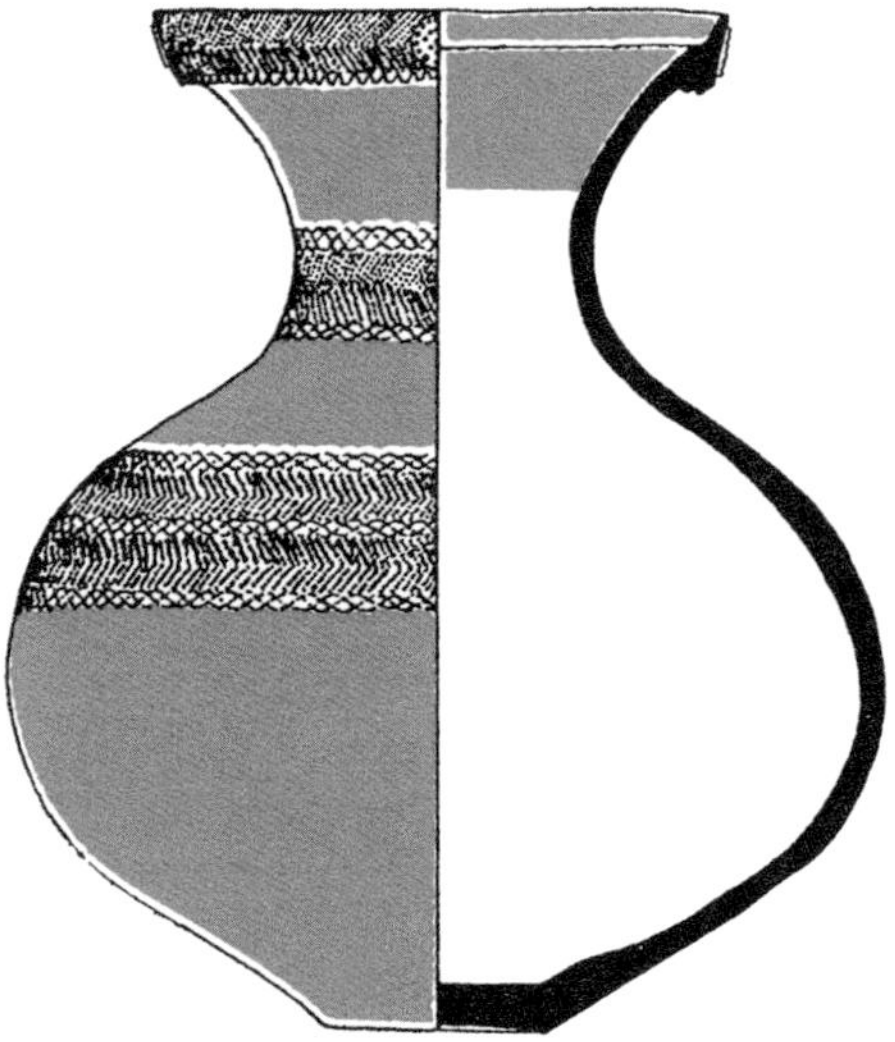

図30 ● 明鐘崎洞穴遺跡出土の弥生土器
後円部と頸部、胴上半に羽状縄紋を施し、無紋部を赤彩する（高さ39.5㎝）。

洞穴遺跡と段丘

以上、房総半島の海食洞穴遺跡をみてきたが、なかでも館山の海食洞穴群は縄紋海進後の四つの海岸段丘（沼Ⅰ～Ⅳ面）とそれぞれの段丘崖に確認されている（**図31**）。洞穴形成の時期の変遷から、上位の沼Ⅰ面に立地する海食洞穴が古く、下位の沼Ⅳ面の海食洞穴が新しい。考古学的区分でいうと、沼Ⅰ面（二五メートル前後）が縄紋前期、沼Ⅱ面（一五〜一九メートル）が縄紋中期、沼Ⅲ面（一一〜一三メートル）が縄紋晩期、沼Ⅳ面（五メートル前後）が古墳時代以降とされている。

沼Ⅰ面に立地する海食洞穴は、出野尾洞穴・鉈切洞穴・大寺山洞穴・安房神社洞穴遺跡などである。遺跡としての洞穴利用開始は縄紋前期末〜中期初頭にかけての時期である。

沼Ⅱ・Ⅲ面に対応する海食洞穴はあるが、遺跡としての利用は確認されていない。沼Ⅳ面には北下台洞穴が海岸近くに立地し、利用開始時期は

群別	洞穴名	縄紋				弥生	古墳	標高(m)	段丘
		前期	中期	後期	晩期				
A群	出野尾							25.5	沼Ⅰ面
	鉈切							25.0	
	大寺山							30〜27	
	安房神社							22.5	
	佐野		?				?	約20	
	長兵衛	?						11.5	
	明鐘崎3			?				20.0	
B群	本寿寺							6.0	沼Ⅱ・Ⅲ面
	こうもり穴				?			7.5	
	城山							8.0	
	明鐘崎1							17.0	
C群	北下台							5.0	沼Ⅳ面
	荒熊							2.6	
	弁天崎							3.5	
	大黒山							5.0	
	明鐘崎2							7.0	

図31 ● 安房のおもな海食洞穴遺跡
B群の沼Ⅱ・Ⅲ面の洞穴遺跡はよくわからないが、
段丘面に対応し、A群→B群→C群と新しくなる。

さかのぼっても古墳時代以降であろう。

先端部の館山洞穴群に対し、守谷湾の洞穴群や内房の洞穴群はさほど隆起は認められない。段丘面に対応した館山の洞穴群と、どのように対比できるのであろうか。守谷湾の海食洞穴は、もっとも標高が高いのは長兵衛岩陰、つぎはこうもり穴洞穴・本寿寺洞穴遺跡、下位が荒熊洞穴・弁天崎洞穴・松部洞穴遺跡の三段階に分かれる。

長兵衛岩陰は縄紋中期末（加曽利E4式）から後期前半（称名寺式〜加曽利B式）の土器が出土し、前期末の土器が出土すれば、沼Ⅰ面の洞穴遺跡に近い。こうもり穴洞穴・本寿寺洞穴遺跡の利用時期は後期後半（加曽利B2式〜曽谷式・安行式）からはじまる。前期末の出土土器はないことから、沼Ⅱ面の時期につくられた海食洞穴の可能性が高い。荒熊洞穴・弁天崎洞穴・松部洞穴遺跡は沼Ⅳ面に対比され、古墳時代以降の洞穴遺跡であろう。

内房の洞穴遺跡の立地をみると、明鐘崎洞穴遺跡は第3洞（約二〇メートル）が高く、つぎに第1洞（約一七メートル）、下位が第2洞（約七メートル）の三時期に分かれる。沼段丘との関連は不明であるが、標高からみて第3洞が沼Ⅰ面、第1洞が沼Ⅱ面、第2洞が沼Ⅳ面に対応するのであろうか。第1洞からはめずらしく弥生土器（久が原式）の完形品が出土している。縄紋晩期から利用がはじまる城山洞穴遺跡も、こうもり穴洞穴・本寿寺洞穴遺跡同様、沼Ⅱ面に対応するものであろう。古墳時代以降の大黒山洞穴遺跡も沼Ⅳ面であろう。

第4章　大寺山洞穴の縄紋人

1　大寺山洞穴の位置と立地

館山駅から洲崎方面行きのバスに乗り、街中を抜けて県道二五七号を西に走る。館山湾南岸沿いの県道は、元禄に隆起した沼Ⅳ面を通っている。しばらくすると左手の丘陵に里見八犬伝で知られる館山城がみえてくる。その城山公園には館山市立博物館がある。館山城をみたあとは、安房の歴史を展示した博物館を見学してほしい。

その先の西の浜バス停で降り、丘陵沿いにのぼっていくと「安房の大寺」とよばれる古刹総持院門前につく。その境内の裏山に大寺山洞穴遺跡がある（図32・5参照）。海岸線まで直線距離にして約五〇〇メートルあるが、縄紋時代から古墳時代の海岸線は丘陵下まで接近していたと考えられる。

館山湾に南北に突きでた丘陵の先端部西側の裾部に三つの洞穴が開口している（図33・34）。

図32 ● 大寺山洞穴
総持院の裏山、標高約30ｍの丘陵上（沼Ⅰ面）に立地している。
洞穴の前庭部は平坦面がひろがり、館山湾を望むことができる。

洞穴の前庭部は平坦部がひろがり、かつての波食台である沼I面の段丘面となっており、館山湾に浮かぶ沖ノ島や鷹ノ島を望むことができる。

洞穴の基盤は新生代第三紀中新世西岬塁層《にしざきるいそう》とよばれる凝灰岩質砂質層・泥岩・凝灰岩互層からなる海成層である。もともとは海底が隆起してできた基盤層である。洞穴は海食崖のどこにでも開口しているわけではなく、隆起した第三紀凝灰岩堆積層の浸食を受けやすい面につくられる。

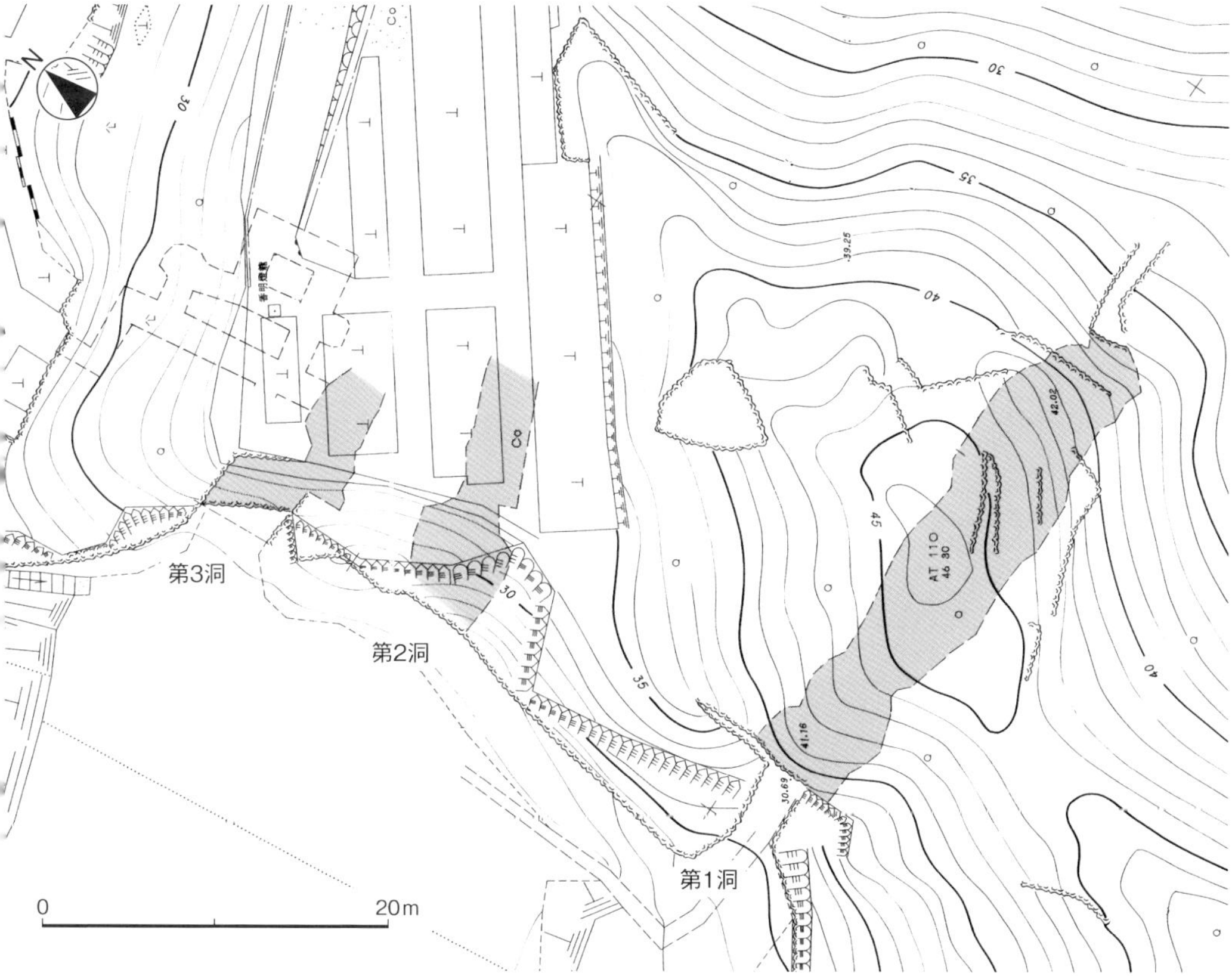

図33 ● 大寺山洞穴の地形
大寺山西側の裾部に3つの洞穴がある。おそらく同一時期につくられたものだが、隆起の関係で第1洞が高く、第3洞が低い。第1洞は標高30.7m、間口幅5.5m・高さ4.0m、奥行29.0m。第2洞は標高28.0m、間口幅5.2m。第3洞は標高27.5m、間口幅6.0m・高さ4.0m。

三つの洞穴を南から第1洞・第2洞・第3洞とよぶ。標高は第1洞（三〇・七メートル）が高く、第3洞（二六・五メートル）がもっとも低く、第2洞（二八メートル）がその中間に位置する。第1洞から第3洞にむかって基盤の層理面も傾斜している。おそらく三洞とも同一時期に形成されたであろうが、その後の隆起によって高低差が生じたのであろう。

第1洞は戦時中に防空壕として用いられ、洞奥が掘削され、丘陵の反対側に抜けることができる。洞内の堆積土は砂層で、洞穴形成時に波浪で運ばれた砂が基盤層となっている。また洞内は温度や湿度が安定しているためか乾燥している。

第2洞は斜面の崩落により開口部は埋まっており、測量時に新たに発見されたものである。開口部を除いて、多量の水

図34 ● 大寺山洞穴第1～3洞の開口部
第1洞の立地が高く、第3洞が低くなる。その比高は約4mであるが、おそらく隆起の度合いによって生じた差異で、同一時期につくられたものとみられる。

がたまっている。湧水ではなく、おそらく降雨のたびに丘陵に染み込んだ雨水が岩盤の裂け目を通じて洞内にたまったものであろう。当時も同じ状態で、飲み水として利用されていた可能性も考えられる。

第3洞は開口部を除いて天井部まで土砂が堆積している。第1洞同様、開口部近くから迷路のように防空壕が掘削されている。なお洞穴岩庇《いわびさし》の前面には二つの方形（一×一・二メートル）がうがたれており、中世に「やぐら」として信仰の場に利用された跡である。

第2洞・第3洞ともに奥行を測ることはできないが、第1洞と同じように三〇メートル近くあるとみられる。

2　大寺山洞穴遺跡を掘る

私たち千葉大学文学部考古学研究室が安房の海食洞穴遺跡調査に本格的にとり組んだのは、この大寺山洞穴遺跡の発掘調査からであった。

縄紋草創期・早期の貝塚を解明するため、それ以前は利根川沿いの北総《ほくそう》台地や千葉市の貝塚の発掘調査をおこなってきた。それに関連して館山市の稲原《いなはら》貝塚の調査を計画したが、ある事情で発掘ができなくなった。そこで急遽、千葉県史編さん考古部会で見学した際に縄紋土器を採集した大寺山洞穴遺跡の発掘調査を実施することにしたのである。

すでに述べたように、大寺山洞穴遺跡は一九五六年に総持院住職の寺田信秀と郷土史家の山岡俊明らによって発掘がおこなわれている（図17参照）。田子台遺跡や鉈切洞穴遺跡の発掘調査を契機として、安房の考古学的調査の機運が高まった時期である。

その発掘で、古墳時代の須恵器・土師器、管玉・勾玉、鉄鏃・大刀・甲冑《かっちゅう》などと、それに混じって多数の人骨もみつかっている。その後、一九七二年には館山市指定史跡となっている。また県内の古墳時代研究者である田中新史や白井久美子が大寺山洞穴の古墳時代の出土遺物に注目し、安房の海人《あま》族の首長の洞穴墓として、その重要性を検証してきた。

あわせて今回、大寺山洞穴遺跡の発掘を手がけた理由の一つは、房総半島の先端部の安房地域が開発にともなう行政発掘も少なく、未開拓な魅力的フィールドであったからである。

また館山市大賀《おおか》には千葉大学教育学部の臨海実習所があり、宿泊や経費をともなう大学の合宿の発掘実習とっては好都合の条件であった。考古学実習の授業の一環であったが、東京大学・京都大学・新潟大学・東洋大学の考古学専攻生も参加し、学生たちと寝起きをともにしながら調査を進めることができた。その後も大賀の臨海実習所は安房の考古学的調査の前線基地として活用されることになる。

一九九二年九月、予備調査として三つの洞穴の実測図の作成と地形測量をおこなうことからはじめた。この成果をもとに一九九三年四月、第一次発掘調査を開始する。春のゴールデン・ウイークに実施する理由は、授業年度内に出土遺物の整理や発掘の成果をとりまとめるができるからである。第1洞・第2洞・第3洞それぞれに発掘区を設定し、裸電球を天井部につるして発掘を進める。第1洞からは古墳時代の鉄製品が出土していたため、発掘に先立ち千葉大学工学部の亀井宏行が磁気探査とレーダ探査をおこなった。

発掘調査は一九五六年の調査地点に近い第1洞のほぼ中央部からはじめた。その洞穴側壁に近い発掘区から、舟首を開口部にむけた舟棺を検出した（1号棺）。周囲からは副葬された土師器・須恵器のほか、鉄製品・耳環《じかん》・玉類が出土した。

第2洞・第3洞の開口部からは縄紋後期の遺物が出土しはじめた。当初は第2・3洞でみられた縄紋時代の調査が目的であったが、第1洞では上層の古墳時代の文化層から全国的にめずらしい舟葬墓に遭遇することになる（**図35**）。

縄紋時代の研究者が二足のわらじを履き、古墳時代の貴重な遺跡を掘る羽目となったのである。平城宮跡の発掘に従事した若き日、当時の奈良文化財研究所の坪井清足部長から「縄紋時代を研究していたのだから、同じ縄目の付いた瓦を勉強せよ」と考古第三調査室に配属された。古瓦のこと

図35 ● 第1洞の発掘作業
7〜9号舟棺の検出状況。写真右が洞穴の入り口。

も都城《とじょう》のことも素人であった。そのときと同様ふたたび未知の分野へのチャレンジ精神が沸き起こる。そして友人の古墳時代研究者の助言や千葉県教育委員会・館山市教育委員会の多大な協力をえながら、一九九九年まで七次にわたる発掘調査を実施することになったのである。

一九九六年の五次発掘調査からは千葉県教育委員会・館山市教育委員会の補助金をえて大寺山洞穴遺跡調査団を結成し、外部から青木繁夫（東京文化財研究所）・白石太一郎（国立歴史民俗博物館）・茂原信生《しげはらのぶお》（京都大学霊長類研究所）が加わり、専門的助言や協力体制が整えられた。また周辺の地形を含めた測量図を作成することができた。

3　生活空間と埋葬空間の混在

大寺山洞穴をはじめて利用したのは縄紋人である。三つの洞穴とも縄紋時代の包含層を確認している。大寺山洞穴遺跡では縄紋前期末の遺物は確認できていないが、同じ沼Ⅰ面に立地する鉈切洞穴・安房神社洞穴・出野尾洞穴遺跡では前期末（十三菩提式）から利用しはじめている（**図31参照**）。同様に大寺山洞穴も縄紋海進の離水後しばらくした前期末には居住できる生活環境が整ったのであろう。

第1洞は古墳時代の文化層下、間層（落盤層）をおいて、縄紋後期（称名寺式）の包含層と焼土層を確認した。古墳時代の舟葬墓を保存しているため、本格的な発掘はおこなっていない。

第2洞は開口部から縄紋中期（曽利《そり》2式）・後期（加曽利B1式）の土器がわずかに出土した。

洞穴内部は当時から雨水がたまり、水汲み場であった可能性が強い。

第3洞は戦時中、防空壕として利用されたため、開口部付近は古墳時代の包含層がすでに削平されていた。大寺山洞穴遺跡における縄紋人の生活と埋葬の実態を知ることができるのは、この第3洞の発掘成果による（図36）。

第3洞開口部の発掘調査では、多くの煮炊き用の土器や骨角器などの漁労用具とともに埋葬された人骨が出土している（図37）。つまり日常の生活空間と死後の埋葬空間が混在した状態で発見されている。生活空間を確保するため、無造作に人骨を奥壁側に押し込むように移動している状況をみると、生者と死者の空間が未分化であったことを意味している。逆にそのことは、死者・祖先とともに生きる縄紋人の死生観を反映しているともいえよう。

「弔う」という意識がしだいに確立される古墳時代になると、第1洞の舟葬墓のように、密閉された死

図36 ● 第3洞の発掘風景
洞穴前庭部付近で、人骨や遺物の出土状況。

後の空間（墓域）として利用されていくのである。すなわち、はじめは洞穴遺跡は開かれた生産・生活の場として用いられ、しだいに閉ざされた黄泉《よみ》の空間へと変化していくのである。

第3洞の開口部では、七体以上の人骨が出土している。おもな時期は縄紋中期後半（加曽利4式）、後期初頭〜中葉（称名寺式・堀之内式・加曽利B1式）であろう。計測できた人骨は低顔・広顔・短頭、推定身長一五五・一センチ（男）で、縄紋人の一般的特徴をもっている。また海人にみられる外耳道外骨腫《がいじどうがいこつしゅ》が認められる。大寺山洞穴遺跡の縄紋人は海を生業の基盤とした民であったことを、その形質からも知ることができる。その縄紋人の血統は後に古墳時代の舟葬墓を遺した安房の海人族に引き継がれていくのであろう。

埋葬にともなった多彩な装身具も出土している。おそらく当時から身につけていたものであろう。亀甲製垂飾はウミガメの背甲羅を利用したもので、

図37 ● 第3洞の人骨出土状態
洞奥に押し込まれたように出土した伸展葬の人骨。

側面や外面には研磨痕や加工痕をのこす。三カ所に円孔が穿たれた垂飾で、海人を表象するにふさわしい装身具である。鹿角《ろっかく》製《せい》叉状《さじょう》垂飾は鹿角の分岐部を利用して丹念に研磨したもので、これもめずらしい垂飾品である。鳥の管骨製管玉、イモガイの小玉・タカラガイの垂飾ほか、赤彩土製耳栓などが出土している（図38）。海人を表象する入れ墨も施していたかもしれない。

4　漁労生活の前線基地

海辺に立地する洞穴遺跡は縄文人の漁労生活にとって、どのように利用されたのであろうか。大寺山洞穴遺跡は東京湾の入り口の外湾部に位置し、その前面には外洋から内湾に入ってくる多様な魚種の豊かな漁場を形成している。

多くの海食洞穴遺跡同様、大寺山洞穴遺跡はたんなる居住の場というより、漁繁期における最前

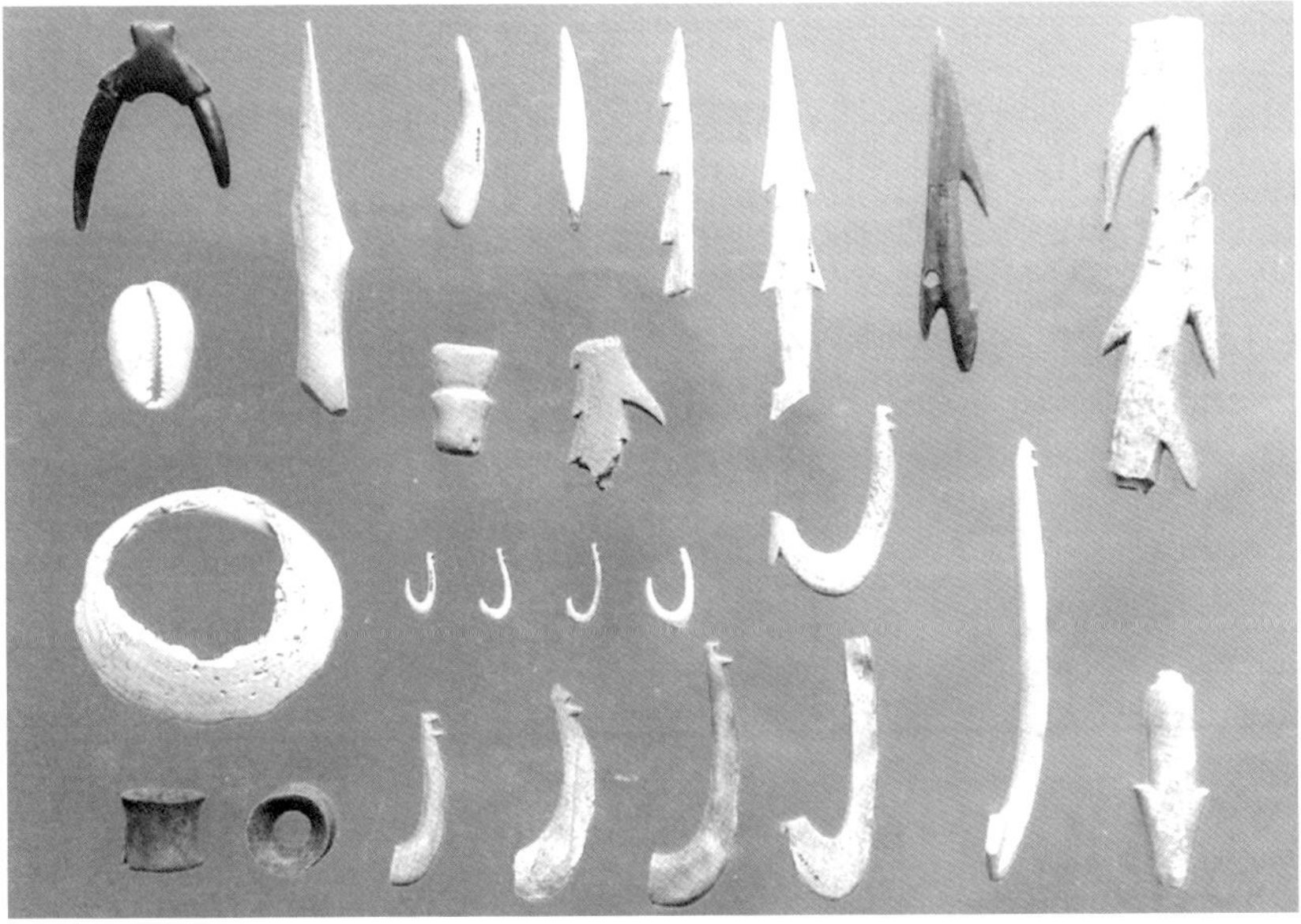

図38 ● 第３洞出土の漁労具・装身具
左上が鹿角製叉状垂飾。装飾品の多くは埋葬人骨にともなうものである。多彩な漁労具も出土している。

線の基地、すなわち番小屋としての役割をもっていたと考えられる。本来の縄紋人の集落は丘陵上に立地し、漁繁期に海辺に下りたキャンプサイトであった。食料資源としての鯨類や魚類の出土量は全体の六六パーセントを占め（図39）、海を生活の基盤とした海人（漁労民）としての縄紋人の姿が浮かんでくる。

多量に出土するイルカは、藤の咲くころに内湾域に入ってくる大群を突きん棒漁によって捕獲したものと推測される。そのため鹿角製の刺突具が数多く出土している。あるいは浜に打ち上がったもの（バウンディング）を一挙に捕らえたのかもしれない。可食量の多いイルカは海辺の縄紋人にとっては効率の良い重要なカロリー源であったにちがいない。冬から春のブリ・マサバ、浅瀬域に集まる春のマダイ・ボラ・ヒラメ、秋口のマアジ・マイワシ、館山湾の季節をとおして回遊する魚類は、縄紋人にとって豊な食料資源を提供したであろう。

また洞穴開口部には貝層をともなっている（図40）。サザエ・マガキ・ハマグリ・スガイ・レイシ・テングニシの貝類やウニなどが採集されている。岩礁性の貝類が多い。イモガイ・ツノガイ・タカラガイは装身具として用いられる。貝は「海のドングリ」であり、山のドングリ採集と同様、女性の仕事といわれている。可食率の少ない貝類は多量に採る必要があり、貝殻は廃棄物として捨てられる。大規模な貝塚が形成されるのは、このためである。

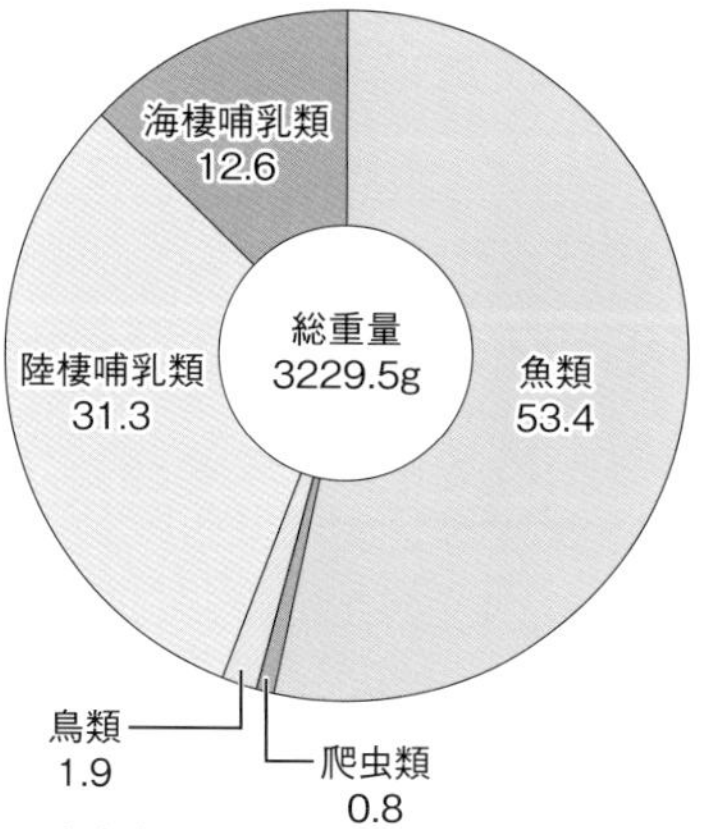

図39 ● 大寺山洞穴遺跡出土の動物遺体の割合
山の縄紋人はイノシシやシカ、ドングリを主食とするのにたいし、海の縄紋人はイルカや魚、貝を主食としている。

シカ・イノシシは量的には少なく、骨角器の材料や食料として搬入されたものであろう。骨角器は漁労用の釣針・ヤス・銛・「浮き袋口」などが多数出土している（**図38参照**）。こうした漁具に比して石鏃・石斧などの石器類はきわめて少ない。

釣針は小型（一・五センチ）のものから大型（約一〇センチ）のものまで各種あり、対象魚に合わせて使い分けていたことがわかる。大きさは異なるものの、釣糸を結ぶチモトに二つの突起を有する「東京湾型」とよぶべき特徴をもつ釣針である。また釣針の製作工程がわかる未・半成品も多数出土している。外洋性のマグロ・マダイの釣漁、銛・ヤスによる刺突漁、土錘などの網漁、また潜水漁など、近隣の鉈切洞穴遺跡の発掘成果と同様、縄紋時代の多彩な漁労活動の一端を知ることができる。

こうした縄紋時代の漁労活動で培われた知識と技術が、やがて古墳時代に海人族へと成長し、海をネットワークにした世界を築いていくのである。

図40 ● 第3洞出土の貝
巻貝や二枚貝など岩礁性の貝類が多い。

第5章　古墳時代の舟葬墓

1　舟棺の検出状況

まずは第1洞から発見された舟棺墓の実態から話を進めよう。これまでの発掘調査で、一二基以上の丸木舟を棺に用いた「舟棺」が確認されている（図41）。時期は出土遺物の年代から、五世紀前半から七世紀前半の約二五〇年間にわたり継続的に営まれた舟葬墓である。

これらの舟棺は洞穴南側壁に沿って重なるように安置されていた（図42）。舳先《へさき》はいずれも開口部すなわち海にむけておかれていた。墓坑は確認されていないことから、洞穴内の床面（砂層）に舟棺を直置きした曝葬《ばくそう》の一種であろう。

舟棺の安置にあたって、棺の周囲や底に角礫や木炭、粘土で固定し、棺を重ねて雛壇状に積み上げ、枕木のような横材を渡し安定を図っている。後世の激しい地震などによって積み上げた舟棺は崩れ落ち、発掘時の出土状態になったのであろう。

舟棺の長さは約三メートルであることから、丸木舟を二つに断ち切り、舳先部を身に艫《ろ》部を蓋にして用いたものと考えられる。棺に使用された丸木舟は実用のもので、舟として用いた際の摩耗痕が半月形の隔壁板上端に認められる。また、それをはめ込む溝や舳先近くには梁を受ける枘《ほぞ》穴がうがたれている。故人ゆかりの丸木舟を用い、ベンガラを塗り、棺に仕立てたのであろう。

検出した舟棺の木材はすべて杉材だ。『日本書紀』（八段）には、浮宝《うくたから》（舟）は「スギ・クスノキ」、宮殿には「ヒノキ」、棺には「マキ」を用いることが記されている。安置した床面は乾燥した灰色・茶褐色の砂質土で、ベンガラがまかれたためか、一部は赤褐色に変色している。

木質の棺や木製品が遺存していた大きな要因は、洞穴内が安定した温度を保ち、砂質土壌で乾燥していたためである。中央アジアのゴビ砂

図41 ● 第1洞の発掘状態
洞穴内の南側半分を発掘調査した。舟棺は折りかさなるように出土したが、いずれも舳先を入り口にむけて安置されていた。

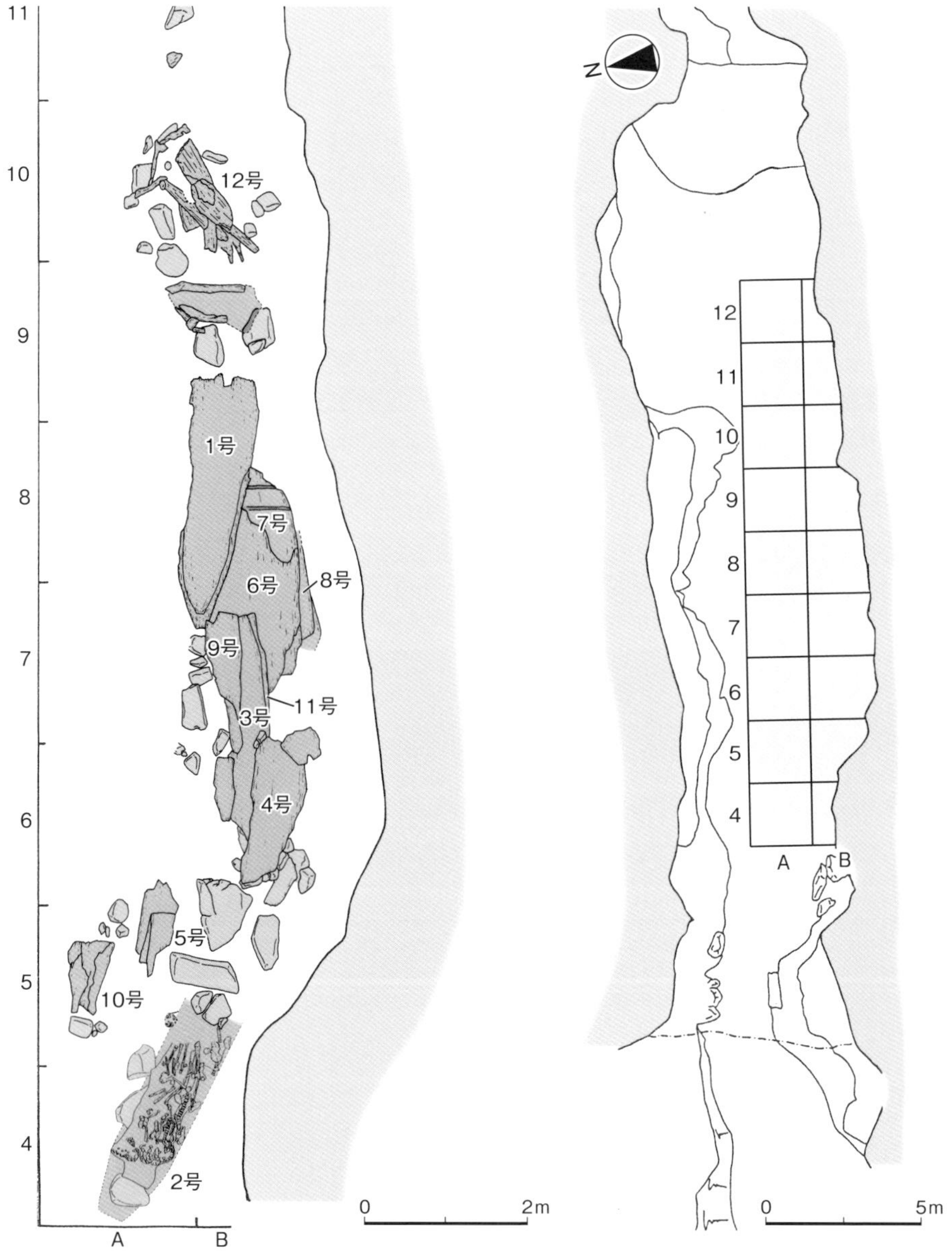

図42 ● 第1洞の地形と舟棺の出土状況

右が洞内の地形と調査区の図、左は調査区を拡大した舟棺の出土状況図。埋葬当時は舟棺を重ねて雛壇状に積み上げてあったようだが、後世の地震などで崩れ落ち、このような出土状態になったのであろう。

図 43 ● 第 1 洞の 6 〜 9 号の舟棺出土状態
舟棺が重なり合って出土している。
原位置を動いていることがわかる。

図 44 ● 3 号舟棺の出土状態
舟棺を水平に安置するために、棺の底面に石を設置している。

漢における楼蘭《ろうらん》遺跡のように乾燥した出土状態で発見されたのである。

舟棺の配置は1号棺から開口部にむかって3号・4号棺が重なってほぼ一列にならび、その下に11号棺が出土している。さらに1号棺と3号棺の下からは6号～8号棺が折り重なって出土し（図43）、重複関係から8号→7号→6号棺の順に安置されたと推測される。5号・9号・10号棺は部分的にしか遺っておらず、原位置を動いている。12号棺は洞奥側でみつかったもので、棺材を集積したような状況で出土した。その周辺からは頭骨や銅製鈴・木製漆塗盾などが出土している。

2号棺は4号棺からやや離れた開口部近くで検出された。棺の木質部の遺存は悪く、棺の輪郭をかろうじて確認できる状態であったが、埋葬人骨三体が納棺されていた。三体は仰臥伸展葬《ぎょうがしんてんそう》で、頭部はいずれも開口部をむいていた。三体の人骨には遺存度に差があり、追葬されたものとみられる。

図45 ● 土器の出土状態
副葬された土師器・須恵器は墓前祭祀に用いられたもので、いずれも新調したものである。

2　華麗なる副葬品

出土した遺物は舟棺にともなう副葬品である。土師器・須恵器の土器類、甲冑・大刀・剣・刀子・斧などの鉄製品、管玉・勾玉・ガラス玉・耳環などの装身具、漆塗盾・漆塗弓などの木製品、直弧文《ちょっこもん》の鹿角製刀装具、歩揺《ほよう》付き金銅製品、銅製鈴など貴重な副葬品が含まれている。いずれも東国の大型前方後円墳から出土する副葬品とくらべて遜色のない品々である。

副葬された土師器は焼成後にベンガラが塗られ、刷毛目の痕跡も残っている。須恵器も葬儀用に準備されたもので、静岡県湖西産のものが含まれている（**図47**）。土器などの年代観から、第Ⅰ次埋葬期から第Ⅴ次埋葬期の五期（五世紀前半期・後半期、六世紀前半期・後半期、七世紀前半）に大別できる。

ほかの副葬品も各埋葬期に対応する。甲冑類は三《さん》角板革綴《かくいたかわとじ》製と横矧板鋲留《よこはぎいたびょうどめ》製の二種がある（**図48上**）。

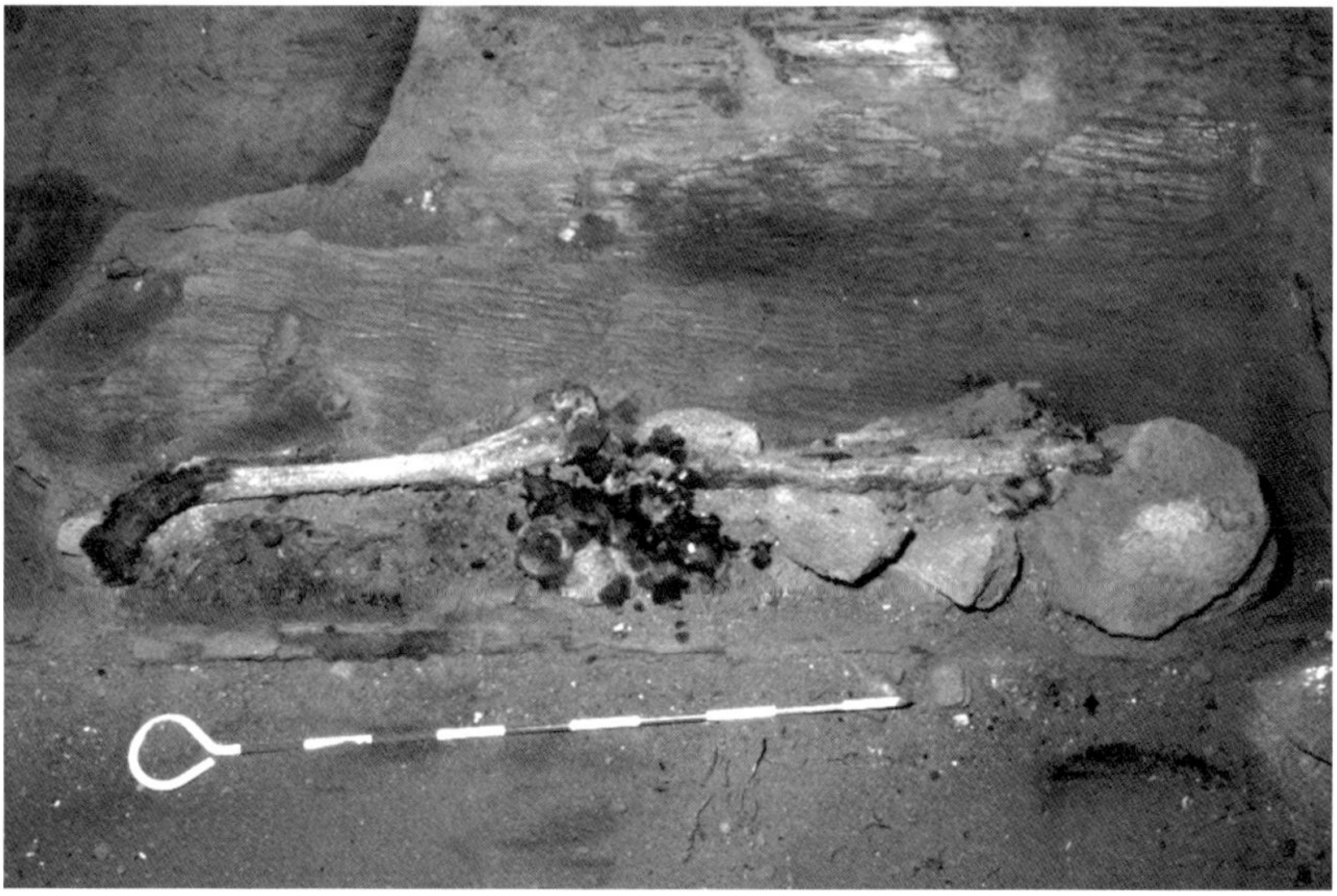

図46 ● 6号舟棺の人骨出土状態
一部の舟棺内に人骨が残っているものもあるが、
ほとんどが原位置を移動している。

三角板革綴製は衝角《しょうかく》付冑《つきかぶ》と短甲《たんこう》がそろって出土し、房総では唯一の共伴例であり、関東の前方後円墳でもきわめてめずらしい。これらは第I次埋葬期のものである。横矧板鋲留製はほぼ一領分が出土し、三角板革綴製に続く次世代の副葬品とみられる。鉄鏃類は四段階に分かれ、それぞれの埋葬期に対応している。刀剣類に用いた鹿角製直弧文刀装具の一部も出土し

図47 ● 第1洞出土の土師器・須恵器
いずれも舟棺の副葬品で、土師器は赤彩されている。
上：5世紀代の土器類。下：6世紀代の土器類。

横矧板鋲留短甲

三角板革綴短甲

刀剣

鉄鏃

図48 ● 第１洞出土の甲冑・刀剣
三角板革綴短甲は衝角付冑が一緒に出土している。こうした
あり方は関東の前方後円墳ではきわめてめずらしい。

ている（図48下）。

出土した銅鈴（図49）はおそらく横矧板鋲留短甲にともなうものであろう。銅鈴は出土例もきわめてめずらしく、朝鮮半島南部からの舶載品とも考えられる。また、銅鈴の付近からは漆塗木製盾が出土している（図50）。中央部には菱形の浮き彫りが施され、刺繡糸をかがる多数の針孔を有する装飾持盾である。漆塗弓とともに儀礼に用いたものであろう。

図49●第1洞出土の鈴
銅製鈴も関東ではめずらしく、朝鮮半島製のものか。
横矧板鋲留短甲にともなうものであろう。

図50●第1洞出土の木製盾
中央部に菱形の浮き彫りを施し、その左右には細かな
刺繡糸をかがる多数の針穴があいている装飾持盾。

装身具には歩揺付き金銅製品があり（図51）、対になる小孔が三組あり、歩揺を着装する針金や円形歩揺の一部が残存している。金銅製の冠か沓《くつ》のようなものであろうか。金銅製耳鐶ほか、玉類には琥珀《こはく》や瑪瑙《めのう》製丸玉、ガラス小玉、碧玉《へきぎょく》・埋木製管玉、瑪瑙製勾玉、算盤玉のような六角の切子玉（瑪瑙製か）があり（図52）、朝鮮半島から輸入されたものとみられる。

なお、第3洞は縄紋時代の遺物を中心に発掘したが、古墳時代中期・後期の土師器や直弧文の鹿角製刀装具などが出土している。天井部まで堆積している土層を調査すれば、第1洞同様、舟葬に関連する遺構や遺物が出土する可能性が高い。

図51 ● 金銅製歩揺
歩揺にとり付ける一対の穴がある。冠か沓の一部。

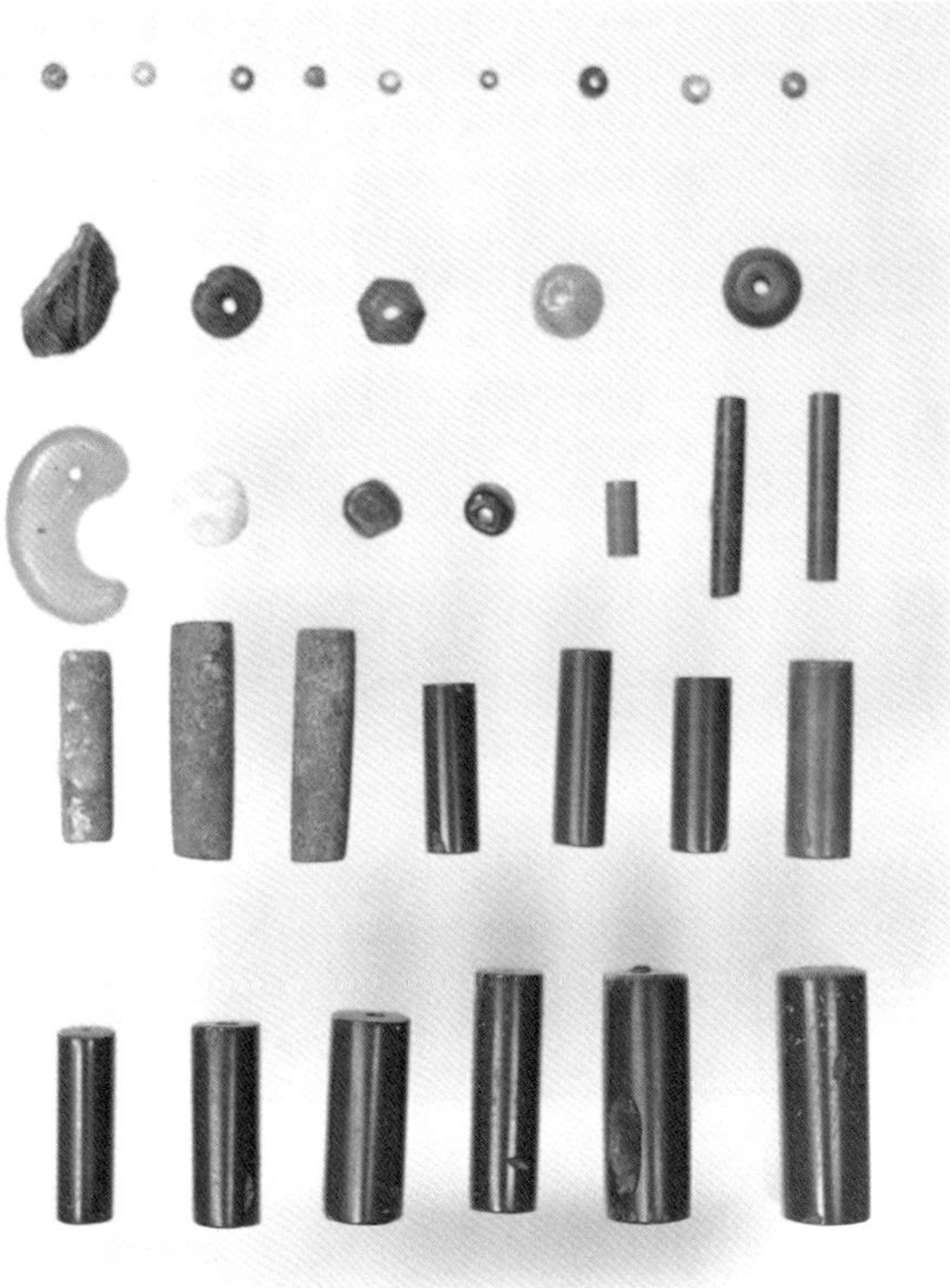

図52 ● 第1洞出土の玉類
ガラス玉・丸玉・管玉・勾玉などがあり、上から2段目中央の六角切子玉は朝鮮半島製。

3 海人族の首長墓

こうした安房の洞穴墓は大寺山洞穴遺跡だけではない。すでに述べたように鉈切神社には一艘のクスノキ製の丸木舟が保管されている。『大日本史』編纂関連史料には一六九五年（元禄八）に十数艘の丸木舟が存在していたことが記されていて、後述する大寺山洞穴遺跡の舟棺と類似し、たいへん興味深い。また、大寺山洞穴遺跡に近い海岸部の北下台洞穴遺跡や海辺の大黒山洞穴遺跡など、安房の海食洞穴遺跡の半数以上から古墳時代の遺物や人骨が出土している。大黒山洞穴遺跡では木製品や木材も出土しており、舟棺の一部かもしれない。安房の地域では洞穴墓は普遍的なものであり、海人族の葬法であったと考えられる。

古墳時代は農耕を生産基盤として社会秩序が形成され、支配層によって高塚墓（古墳）がつくられ、地方の王たちはヤマト王権との関係を背景として前方後円墳をつくった。

しかし、海食崖がせまり平野部が少ない房総半島先端部の安房は、その生産基盤を農耕に求めることはできない。目の前にひろがる海が生産基盤となるのは必然であった。そこには海人族の世界が展開していたのである。古来、「海人」は漁労と航海を生業にした海辺の民である。その伝統は縄紋時代の貝塚文化とともにはじまったのであろう。

すでに述べたように、景行天皇が東国に巡幸した際に白蛤や鰹で饗応した「記紀」伝承は、安房の海民集団がヤマト王権への従属儀礼をあらわしたものと考えられている。また『日本書紀』応神紀には、安曇連《あずみのむらじ》の祖、大浜宿禰《おおはまのすくね》を遣わして海人を従わせ「海人の宰《みこともち》」としたことや諸国に令して海人と山守部《やまもりべ》を定めたことが記され、海人族が王権の下に統制された様子が描かれている。と同時に、海人族によって培われてきた航海術は、ヤマト王権の東北経営の道として、また大陸との交渉の路として重要な役割をはたすのである。おそらく海上交通や港、軍事や食料基地として、安房海人の首長はヤマト王権と特別な関係をえたのであろう。

奈良時代に朝廷の大膳職《だいぜんしき》に「安房の大神」が祀られることや安房国が「贄《にえ》（天皇に供する食物）の国」として位置づけられる背景も、すでに古墳時代からはじまっているのである。「陸」の首長層が前方後円墳をつくったのにたいし、豪華な副葬品をもちながらも五世紀前半から七世紀前半にわたる約二五〇年間、安房海人族の首長層の奥津城《おくつき》として洞穴墓が営まれたのである。そして海に関連した舟葬という特殊な葬送儀礼をもっていた。

古代安房は「海」「食」「神」をとおしてヤマト王権と直結した海人集団の東国の拠点の一つであった。大寺山洞穴遺跡の舟葬墓の発見は、舟葬という葬送儀礼を確認できたはじめての遺跡である。とくに舳先を海にむけて安置していることは、すでに古墳時代に海を意識した海上他界観が形成されたことを示す証拠として、その意義は大きい。

4　列島にひろがる洞穴墓

舟葬という葬送儀礼は安房の一地方の海人族の土着の葬法ではない。おそらく古墳時代の海上他界観を反映したものであろう。古墳時代の全国的な洞穴墓の分布をみても、列島沿岸部には海上他界観が普遍的にひろがっていたと考えられる（図53）。

対岸の三浦半島の海食洞穴遺跡にも多数の埋葬人骨とともに、舟形抜木棺、集積人骨、火葬骨などが出土し、古墳時代以降の洞穴墓の実態が明らかになっている。三浦半島の間口東《まぐちひがし》洞穴遺跡では、副葬品をもつ伏臥伸展葬の人骨（六世紀後半）にウミウが添えられていた。他界に導く「トリ」を表象したものであろうか。また雨崎《あまさき》洞穴遺跡で出土した舟形抜木棺は全体に黄土色に塗られ、蓋の端には海鳥の糞による白色顔料を塗っている（五世紀前半、図54）。まさに「万葉集（三八八八）」にも詠まれた「冥界に運ぶ黄染《にぬり》」（86頁参照）の舟を想起される。

海食洞穴を利用した洞穴墓は東京湾に限ったことではない。北の宮城県の五松山《ごしょうざん》洞穴遺跡では金銅製圭頭大刀《けいとうのたち》や衝角付冑、多彩な鹿角製品、オオツタノハ貝輪などが出土している。鹿角製品のなかには北方文化（擦文《さつもん》文化）とも関連が認められ、広く北と南の海を行き交う海人族の姿が読みとることができる。

伊豆半島沿岸の静岡県の了仙寺《りょうせんじ》洞穴遺跡や渡来洞穴遺跡、紀伊半島沿岸の和歌山県の磯間《いそま》岩陰遺跡や古目良《こめら》岩陰遺跡などに洞穴墓がある。とくに磯間岩陰遺跡では五世紀後半から七世紀前半にかけての多数の石室墓や火葬跡が検出されている。土師器・須恵器のほか、直弧文をもつ鹿角製刀装具や鹿角製品、貝輪・玉類・耳環が副葬されている。幼児骨を埋葬した石室はカモメ科のアジサシをともなっている。

南は大分県の別府湾沿いの城山洞穴遺跡にも洞穴墓があり、九州島にもおよんでいることがわかる。さらに日本海沿岸にまわると、島根県の猪目《いのめ》洞穴遺跡、富山県の大境《おおざかい》洞穴遺跡、新

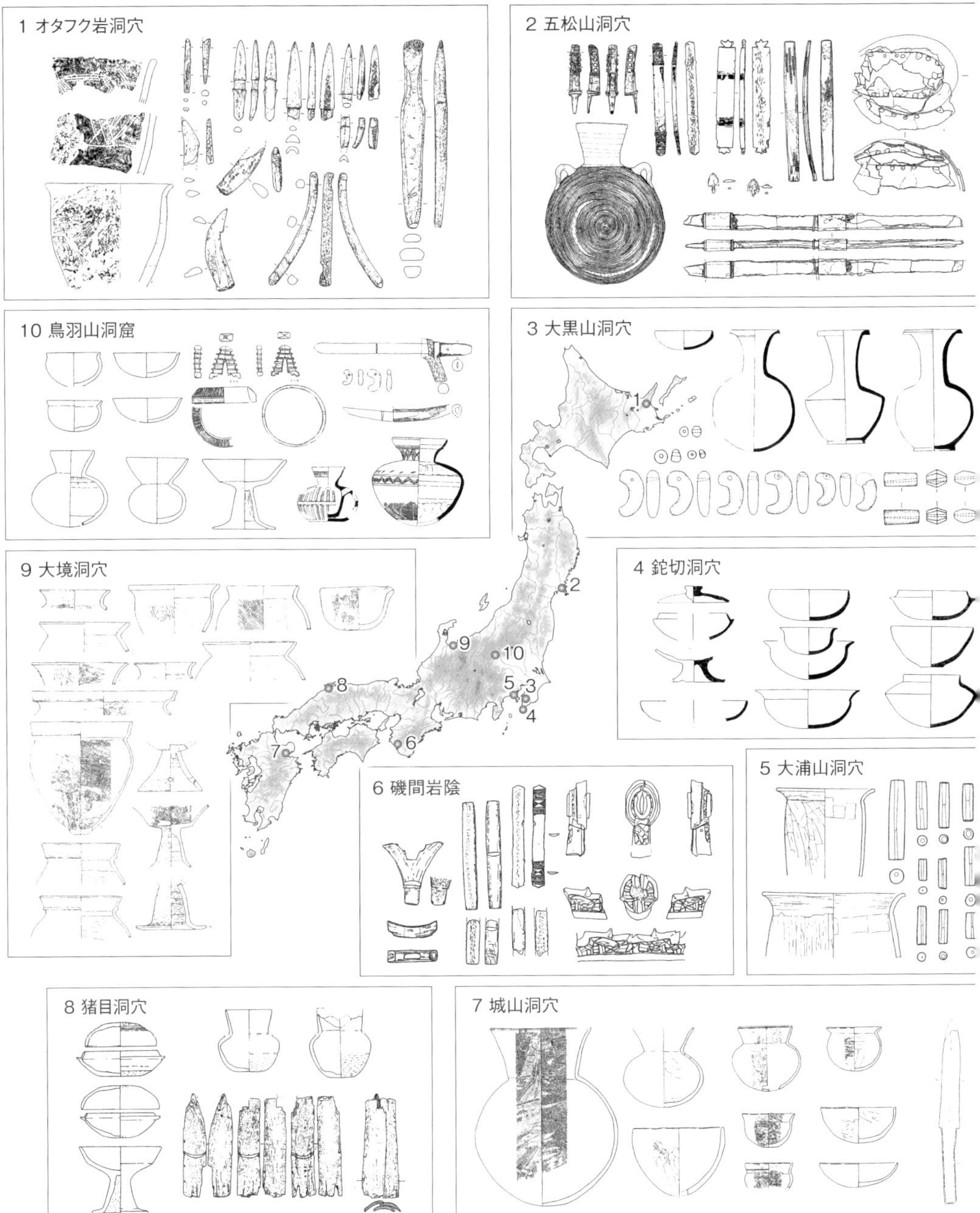

図53 ● 古墳時代のおもな洞穴遺跡とその遺物
古墳時代になると、北は北海道から南は九州の沿岸部に、洞穴を利用した墓が営まれる。

潟県佐渡の岩谷口《いわやぐち》洞穴遺跡、山形県の飛島《とびしま》洞穴遺跡などでも古墳時代の埋葬墓が確認されている。

こうした洞穴墓は沿岸部の海食洞穴遺跡だけではない。山間部の長野県の鳥羽山《とばやま》洞窟遺跡では古墳時代の曝葬墓が営まれている。こうした山の洞穴墓も他界への入り口とみられていたのであろう。

『出雲国風土記』には、前述の猪目洞穴に擬せられている窟《いわや》が「夢に此の磯の窟《いわや》の辺《ほとり》に至れば必ず死ぬ。故に、俗人《くにひと》、古《いにしへ》より今に至るまで、黄泉の坂・黄泉の穴と号《なづ》く」とある。すなわち海食洞穴は、海底に通じる黄泉国の入り口と考えられていたのだ。

イザナキの黄泉国訪問譚における「黄泉戸喫《よもつへぐい》」の話は六世紀に普及する横穴式石室をモデル化したと考えられてきた。しかし、古墳時代の海上他界と結びついた洞穴墓が「黄泉戸喫」の原形であった可能性は高い。海食洞穴が醸しだす暗黒の世界と湿った薄気味の悪い洞内は、古人が創造したおどろおどしい暗黒の黄泉国の景観に近い。

図54 ● 神奈川県三浦市の雨崎洞穴遺跡の木棺
材質はクスノキで、黄色顔料（リン灰石）を塗っている。

第6章　舟葬と海上他界

1　海上他界観

まずは「舟葬」とは何かを考えてみよう。原義は文字どおり、舟に遺体を乗せて海（大湖・大河）の彼方に流すという葬法である。海のむこうに「あの世」があるという他界観にもとづいている。他界観は超域的・霊的な観念から発し、やがて死後のコスモロジーとして確立する。その他界は天上・山上・海上・地下と多岐にわたり、「あの世」の物語が展開するのである。

こうした他界観・宗教・祭にまつわる心性「ココロ」を考古学の「モノ」の世界から実証することはたいへんむずかしい。民族（俗）誌や神話・古典を援用しなければ、とても解釈できない研究領域の一つである。

海を生業とする人びとにとっては、かぎりなく広がる海水面、太陽が昇りまた沈む彼方に他界を求めたとしてもなんら不思議なことではない。むしろ自然な他界観であろう。海にかこまれた日本列島においてもしかりである。

世界各地の海洋民族の多くは、海上他界観をもっている（**図55**）。彼らが遺した遺物・壁画・神話、民族誌からその存在を知ることができる。ヨーロッパにおいては、北欧三国のスカンジナビア半島・バルト海沿岸・イギリス沿岸、古代ギリシャ・バビロニア・古代エジプトの地中海沿岸、環太平洋地域のインドネシア・メラネシア・ポリネシア・オーストラリア、東アジアの中国・日本・北方民族、五大湖などのアメリカインディアンにその事例をみることができる。

こうした海上他界観を表象するのが、水平線の彼方に運ぶ舟であり、舟葬という葬送儀礼をともなっている。その先導役として、しばしば太陽や鳥が登場する。青銅器時代からアボリジニーに至る悠久の歴史のなかで、今日まで海上他界の伝統は引き継がれているのである。その過程で太陽神と結合し、天上他界や地下他界観と複合し多様な様相を示すこと

図55 ● 海上他界の分布
世界各地の海を生活基盤にした海洋民族の多くは海上他界観をもっている。

もある。舟葬についても、実際に舟に遺体を乗せて流すものから、舟棺に入れて埋葬する例、舟葬後に火葬する例などが知られている。いまでも年寄りは、しばしば「お迎えが来る」と呪文のように唱える。愛媛県宇和島や豊後水道をはさんだ大分県海部《あまべ》郡では、そのお迎えは具体的に「船」でやって来ると言い伝えられている。

こうした悠久の海上他界観が語り継がれてきたのは一部の地方だけではない。つい最近まで各地の沿岸部には残っていた葬送にまつわる原風景ではなかったのか。また近年、日本でも海に散骨する人びとが増えてきたという。先祖返りというべきか、海に対するアイデンティティなのであろうか。

すなわち水平線の彼方の「あの世」に死者を運ぶ手段は舟であり、海上他界の発想や形成は海洋民の原点である。海に面していない大陸内陸部においては、これに対峙しうる天上他界や山上他界が創生され、死者には馬車や龍車が用意されている。

2　古典にみる他界と天鳥船

では、水平線の向こうに「あの世」を求める海上他界観や葬送としての舟葬儀礼は存在したのであろうか。まず日本の古典をひもとくことからはじめよう。

「記紀」は、日本列島が海原から浮かびあがってくる状況から語られている。三貴子（アマテラス・ツクヨミ・スサノオ）の統治にみられるように、天（高天原）・地上（現世国《うつしよのくに》）・地下

（根国《ねのくに》）と垂直的な三つの異なる上・中・下ツ国が描かれている。こうした垂直的世界観は、統治する世界の支配原理・コスモロジーが反映された概念であり、「記紀」のなかでも新しい他界観であろう（図56）。

「記紀」神武即位前紀は、神武の兄弟であるミケヌが常世国《とこよのくに》に渡り、イナヒが妣国《ははのくに》に入ることを記す。常世国は妣国と対概念として描かれている。海の彼方に「あの世」を求める水平的他界観が古層であったと考えられる。死者の国としての根国は「遠き根国」「母に根国に従わしむ」と表記されるように必ずしも下方を意味していない。柳田国男が指摘するように、「ネ」の原義は出発点・中心点であり、ニライカナイのような海の彼方を意味する水平的な他界であった考えられる。事実、根国は「記」では妣国と同義語であり「妣国根之《ねの》堅州国《かたすくに》」とも記す。死後の世界観が脚色されるなかで根国は海中・海底の下方へ、そして黄泉国へ

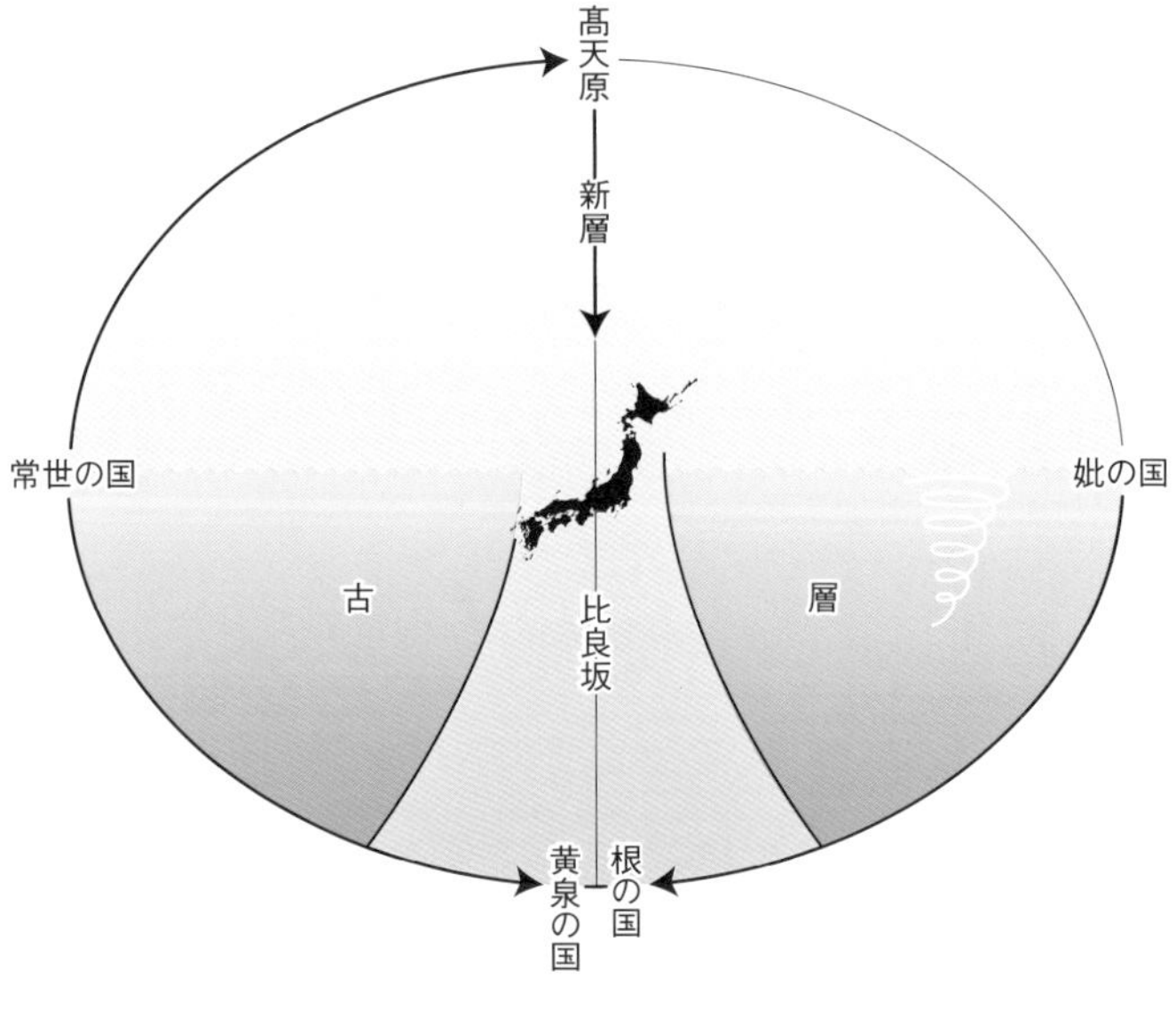

図56 ● 古代日本の他界観
海にかこまれた列島の他界観は、海を媒介とした水平的な他界観であった。
その後、統治や支配の原理が確立すると、垂直的な他界観に変化する。

と確立する。水平的他界の妣国＝根国は、垂直的他界の常世国＝黄泉国に転換していたと考えられる。その契機は支配原理が成立する垂直的世界観に起因しているのであろう。

そして高天原（天上）の神々が現世や他界を行き来する乗り物が「天鳥船」である。「記紀」の神々が乗る船にはさまざまな名がつけられているが、総称として「天鳥船」とよばれている。その名称の鳥はたんに「速い」という形容詞だけでなく、他界への水先案内の霊鳥の役目を担っている。

はじめて天鳥船が登場するのは、国生み神話のイザナキとイザナミが生んだヒルコを海に流す舟である。つぎは国づくり神話のオオナムヂに協力して国づくりをおこなうスクナビコナが乗ってきた舟である。スクナビコナの出立ちは、サザキの羽をまとった鳥装であったという。スクナビコナは国づくりを終えると、常世国に行ってしまう。

つぎは国譲り神話のなかに出てくる、オオナムヂのいる五十田狭小汀《いたさのおはま》に降り立つ舟であり、その子コトシロヌシのいる三保（美保）へ意見を聞きに使者dをやるのも舟である。コトシロヌシは意見を述べた後、海中に八重蒼柴《やへのあおふし》（青柴垣《あおふしがき》）をつくり入水してしまう。現在でも出雲美保神社の青柴垣神事はコトシロヌシの水葬礼の祭りとされている。最後は海彦・山彦の神話の舟である。この舟はホホデミ（山彦）が海神の宮を訪問するときに塩土老翁《しおつちのおじ》につくってもらった舟である。

これらの天鳥船は必ずしも死後の世界へ導く舟ではないが、他界を行き来する舟であり、霊力をもった舟として描かれている。これは後の船霊《ふなだま》信仰や精霊流しにも通じるものがある。

3　舟葬論争とその展開

この天鳥船と関連づけて舟葬論を提起したのは郷土史家の大道弘雄《おおみちひろお》である。時は明治から大正に移りゆく一九一二年（大正元）のことである。大山《だいせん》古墳陪塚《ばいちょう》の一つ、塚廻《つかまわり》古墳から「舟形木棺」が出土した。このことを契機として、大道は古典にみられる船に関する記事を丹念に調べた。『隋書』倭国伝の「葬するに及んで屍を船上に置き陸地これを引く」記事、神社のご神体を納める「御舟代《おふなしろ》」や貴人の納棺を「御舟入《おふないり》」とよぶことなどから、舟葬論を展開した。

一方、明治から昭和初期の考古学者、高橋健自《けんじ》は、『北史』や奈良県石上《いそのかみ》神宮の「御舟代」を解説しながらも、舟葬説には踏み込まなかった。これも一つの見識であろう。その二年後、冒頭で述べたように天鳥船と南洋の鳥船神話を関連づけた米田庄太郎の舟葬論が発表された。

昭和に入って遺物・遺構から考古学的に舟葬論を論じたのは、帝室博物館に勤務し後に明治大学考古学研究室の創設にかかわる後藤守一《しゅいち》である。みずからが発掘した群馬県の赤堀茶臼山《あかぼりちゃうすやま》古墳出土の主体部が舟形木炭槨《もくたんかく》であったことから舟葬儀礼があったと考えた。宮崎県の西都原《さいとばる》一七〇号墳出土の船形埴輪（図57）をはじめ、弥生時代から古墳時代の舟に関する遺物・絵画や民族（俗）誌にみる舟葬例を紹介し、舟葬論を構築し、古墳時代の葬送儀礼が舟葬から家葬へ推移することを説いた。後藤の舟葬論にたいし、当時の考古学界の指導的立場にあった梅原末治《すえじ》や八幡一郎は賛意を示すことになる。

こうした後藤の舟葬論を最初に否定したのは、東北大学の伊東信男である。「舟代」「舟入」

と称するのは、「湯船」同様、たんに入れ物を「フネ」とよんだのであって、舟葬には関係がないと批判した。しかし、「舟」字源は象形文字にみられるように「フネ」は舟である。舶来品を「船でもたらされたもの」という原義が忘れ去られていくように、字義がひろがったとも考えられる。御舟代を置く御帳台を「濱牀」とよぶ。まさに「舟＋濱」の関係をみても、フネは舟であった。

戦後、古墳時代研究の第一人者となる京都大学の小林行雄によって、本格的な舟葬否定論が展開される。小林はもっとも古典に精通した考古学者の一人であり、「黄泉戸喫」「阿豆那比《あずなひ》考」を著し、優れた考古学的解釈をしている。しかし、なぜか、こと舟葬に関しては、古典のかかわりをかたくなに拒否する姿勢を貫く。「舟葬の風習が存在しないところにも、死者の霊魂が海を隔てた彼岸に渡り往くという思考は、生まれても良い」とまで言い切っている。「無いものは無いのだ」いう小林の言いざまに議論をはさむ余地はない。

図57 ● 西都原古墳群170号墳の船形埴輪（レプリカ）
男狭穂塚・女狭穂塚の陪冢とみられる170号墳（雑掌塚）から出土した船形埴輪。
長さ101cm、幅19cm、高さ39cm。

戦後の舟葬否定説を象徴する、ある出来事がおこる。一九五四年に京都大学でおこなわれた日本考古学協会で、大塚初重《はつしげ》は「舟形石棺に関する二・三の問題」と題する研究発表をおこなう。大塚は後藤守一の愛弟子である。戦前、後藤の舟葬論を継承した大塚の石棺の変遷観は、梅原末治・大場磐雄・伊東信男・後藤守一ら重鎮の居ならぶ前で詰襟の高校生、水野正好《まさよし》の純朴で鋭い批判を浴びることになる。その主旨は、舟形木棺・石棺は前後に把手があることから船ではなく槽(運ぶための容器)である、ゆえに舟葬論は成り立たない、というものであった。

かくして舟葬論は一人の考古ボーイによって完膚なきまでに粉砕されたのである。師後藤の援護もないまま演壇で立ち往生した新進気鋭の大塚の心情はいかばかりであったであろうか。その晩、落ち込んでいた大塚を祇園に連れだして慰めたのは小林行雄であったというエピソードまでのこしている。

小林は、九州島の珍敷塚《めずらしづか》古墳(図58)や鳥船塚《とりふねづか》古墳

図58 ● 珍敷塚古墳の装飾壁画復元図
横穴式石室の奥壁に、太陽・鳥船・ヒキガエルなどを描いている。天鳥船に乗って、左から右へ他界へむかう様子をあらわしている。

の舟と鳥を描いた装飾壁画をみても、「舟を描いたことに、なんらかの重要な意味があったのか否かは簡単には決定しがたい。ただかれらの関心をもっていたものを無秩序にならべたにすぎない」と述べる。しかし、聖なる死者の空間になんの意味もない壁画を無秩序に描いたと言い切ることができるであろうか。さらに、小林は死者が海を越えてあの世に行くという他界観は近代的な思考だと危惧する。

　これにたいし舟葬を示す「死者の歌」を考察した古典文学者の秋間《あきま》俊夫は、いまではみられなくなった古典的な思考だと主張する。『万葉集』には「奥《おき》つ国《くに》　領《うしは》く君《きみ》の　塗屋形《ぬりやかた》　黄染《にぬり》の屋形《やかた》　神《かみ》の戸渡《とわた》る」（三八八八）いう一首がのこされている。奥つ国（黄泉国）を支配する君の黄塗の喪船（屋形船）が神の戸（根国の入り口）を渡っていく様子を詠んでいるのだ。いったい天鳥船はどちらに舵をとればいいのだろうか。

4　天鳥船はどこへ行く

古墳時代研究をリードする小林の言説は、戦後の舟葬論を封印するだけの強い影響をもつことになった。しかし、なぜ死者を運ぶ鳥と船を描くのか、なぜ多くの古墳から船形埴輪が出土するのか、たんに舟葬を否定するだけではその答えはえられないはずである。

　戦前に米田庄太郎が問いかけた天鳥船を象徴する遺物が発見されたのは、一九九三年のことであった。じつに八〇年余の歳月を要したことになる。それが大阪府藤井寺市の林遺跡の円墳

（五世紀）でみつかった鳥のついた朱塗の船形埴輪である（図59）。この船形埴輪は部位は少ないものの、舳艫《じくろ》が残っており、全体を知ることができる。大きく反り上がったゴンドラ形の舳先に鳥がついている。まさに天鳥船をあらわした遺物である。

一つ類例がみつかるとつぎつぎと発見されるものだ。奈良県の東殿塚《ひがしとのづか》古墳（四世紀）からは旗や蓋や柩をのせた円筒埴輪の線刻画が三例発見されている（図60下）。天鳥船を描いた死者の船であろう。その線刻船の先端には、なんと鳥が描かれていたのである。この船は、戦前に小林が執念をもって復原した唐古遺跡の線刻船そっくりである（図60上）。鳥がついていた事実を知ったら小林はどうのように解釈したのであろうか、天鳥船に乗ってでも聞いてみたいものである。

おなじく奈良県の巣山《すやま》古墳（五世紀）の周濠からは竪板をもつ準構造船（復元長約八メートル）が発見されている。円紋や直弧文で飾られ、赤色顔料が塗られた被葬者を運ぶ死者の船である。また三重県松阪市の宝塚1号墳（五世紀）からは、舳先には鳥はついていないが、大刀や玉杖《ぎょくじょう》、天蓋《てんがい》で飾られた豪華な船が出土している（図61）。まさに伊勢の王を運ぶ死者の船で

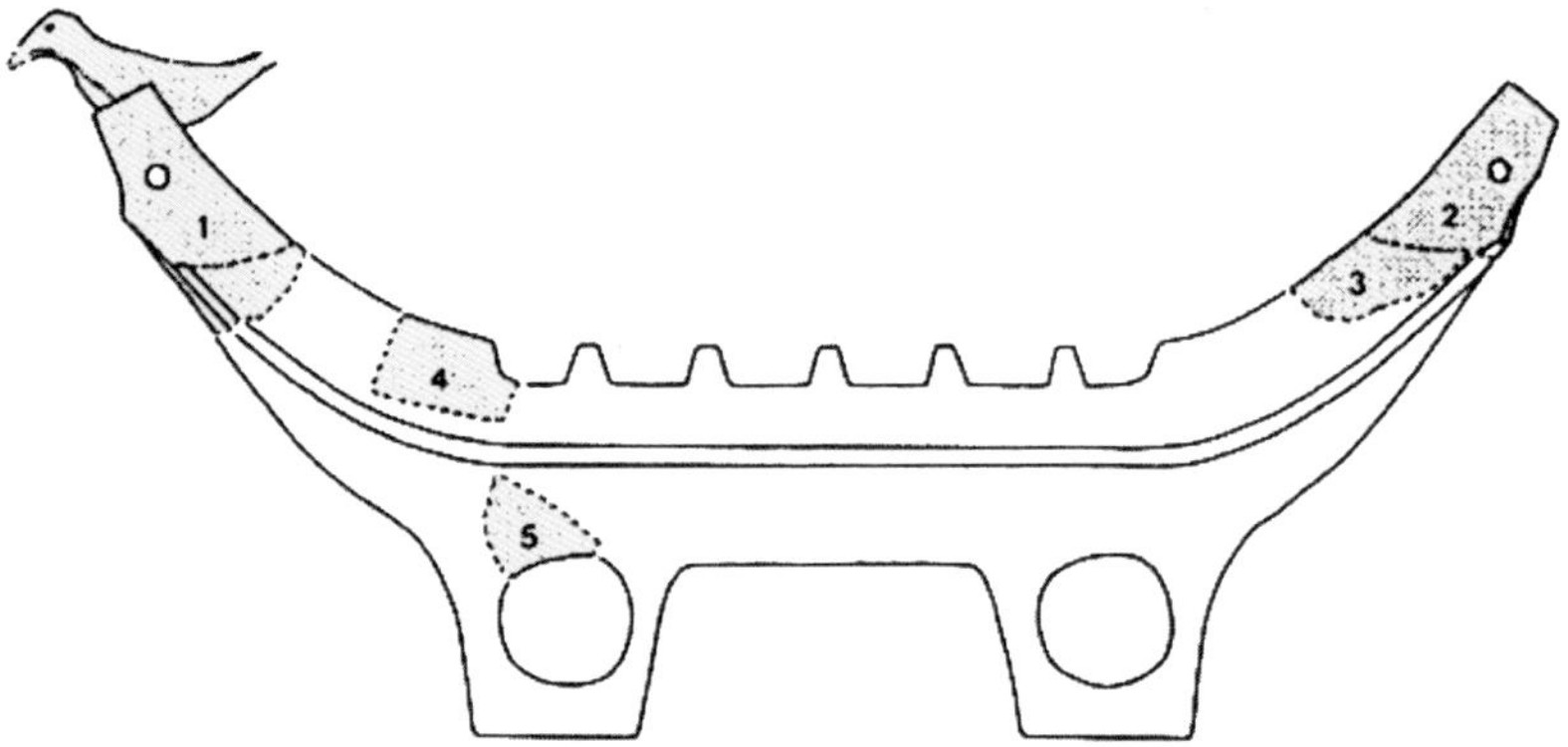

図59 ● 大阪府藤井寺市の林遺跡出土の船形埴輪
舳先に鳥がつけられた船形埴輪は、林遺跡が初出例。
まさに天鳥船である（彩色した部分が出土した）。

ある。

　また大分県国東市の一ノ瀬2号墳（六世紀）からは特殊な鳥舟付装飾器台一対が横穴式石室の入り口からみつかった（図62）。最上部が外反し、下端にいくにしたがって膨らみをもつ器台《きだい》で、円筒埴輪のように四段のタガをめぐらせている。下段には先導役の鳥と船頭が操る舟が対にとり付き、上の段位は子持壺と鳥、外反した口縁部には「海へビ」がつくめずらしい器台である。メリーゴーランドのように舟は上昇しながら、死者の入り口である海へ誘うような躍動感を与える。これも天鳥船の思想をあらわす葬装具である。

　六世紀代になると、九州の装飾古墳に死者の舟が描かれる。珍敷塚古

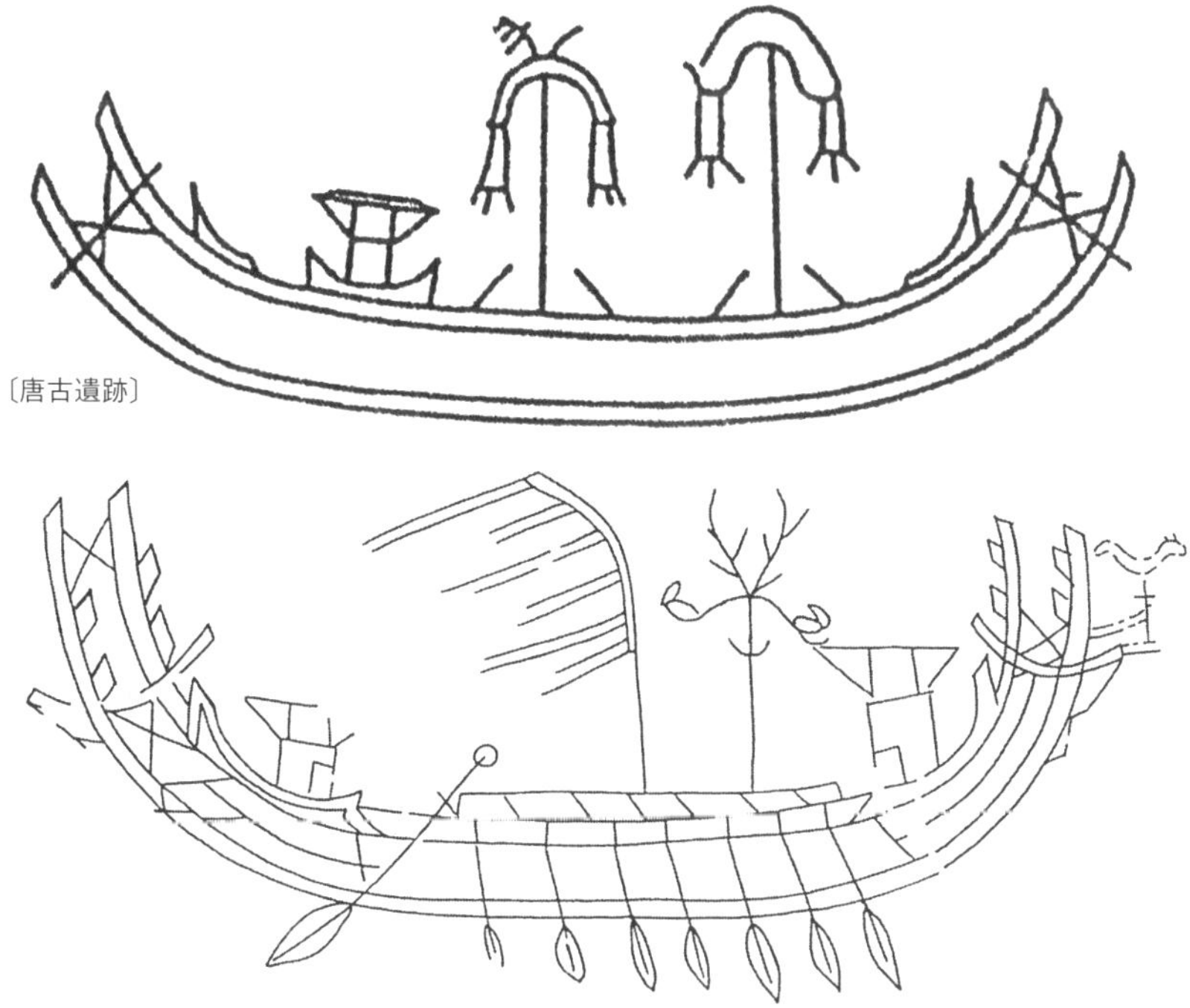

図60 ● **線刻船**

上：唐古遺跡出土の円筒埴輪に描かれた線刻船。小林行雄が戦前に弥生時代の舟として報告したもので、戦後に古墳時代のものと訂正した。

下：東殿塚古墳出土の円筒埴輪に描かれた線刻船。旗や蓋とともに柩をのせ、舳先には鳥を描く天鳥船である。

墳・鳥船塚古墳・五郎山《ごろうやま》古墳の壁画には鳥がついた舟が描かれている。まさに天鳥船である。珍敷塚古墳の壁画（図58）は、中央に三本のユキを境に左側に渡海する天鳥船が右側に月やヒキガエルに表象される黄泉国が描かれている。舟は左（昼）から右（夜）へ航行し、黄泉国に誘う。中央のユキは海坂《うなさか》・黄泉比良坂《よもつひらさか》を暗示しているのであろうか。

　これらの天鳥船を表象する遺物だけでなく、弥生時代末の墳丘墓からも、舟形木棺や船材を転用した木棺も発見され、天鳥船思想はさらにさかのぼる可能性が高い。古墳時代にも確実な舟形木棺は静岡県の若王寺《にゃくおうじ》古墳群をはじめ多くの類例を知ることができる。大寺山洞穴遺跡例も、丸木舟を棺に用いた葬送儀礼を長期に保持した海人集団の舟葬墓であること

図61 ● 三重県松阪市の宝塚１号墳出土の船形埴輪
祭祀の場とみられる「造り出し」から出土した、最大級の装飾をもつ船形埴輪。長さ140㎝、幅25㎝、高さ90㎝。

は明らかである。

「前方後円墳体制」とよばれる古墳時代の支配構造は、ただ古墳＝「カタチ」や下賜された遺物＝「モノ」だけが行き交うのではない。その背景には王権が保有していた思想、すなわち共通の他界観や葬送儀礼を保持していたことを意味している。

ヤマト王権の祖先も海人族の血が流れていることを「記紀」は伝えている。権力の継承や正当性を認知させる統一した秩序や思想が、しだいに天鳥船のコスモロジーとして確立されていったと考えられる。

こうした舟葬という儀礼とともに、舟形木棺・舟棺、船形埴輪、船の線刻画、天鳥船の装飾古墳が広く分布する背景にあるのは、ヤマト王権の下で形成された海上他界観や死者の思想（天鳥船）を共有していたからにほかならない。

図62●大分県国東市の一ノ瀬2号墳出土の鳥舟付装飾器台
左は全体、右は部分。円墳（径23m）の横穴式石室の入り口に一対の特殊器台が置かれていた。口径約23cm、高さ58cm。

5 「地域」から「世界」へ

いままでお話ししてきたように、千葉大学文学部考古学研究室は一九九〇年以降、継続して房総の海食洞穴遺跡と海底遺跡を解明するために発掘調査をおこなってきた。こうした発掘調査は在地性を活かした地域研究の地道なケース・スタディである。房総地域でえられた発掘調査の成果は、地域の歴史と独自性を明らかにするにとどまらず、日本列島の基層文化となる縄紋時代から古墳時代の社会の根幹にかかわる歴史事象を解明することにつながった。

大寺山洞穴遺跡で明らかになった舟葬の葬送儀礼もその一つである。ほかに、こうもり穴洞穴遺跡では弥生時代末から古墳時代の多数の卜骨とその祭祀跡が明らかになった。また、戦前から抜歯をもつ人骨が注目された安房神社洞穴遺跡の再発掘では、洞穴の規模を明らかにするとともに、弥生時代とされた抜歯人骨が縄紋晩期のものであることが判明した。

舟葬の風習は、いまでも海辺の地域に「お迎えが来るのは、船で来る」という言い伝えにその残像を遺している。仏教的な色彩をおびているが、お盆には精霊舟を流す風習は今日にまでつづいている。先史時代の抜歯は、お歯黒の風習に代わり近世までつづく。卜骨の風習は神社の太占祭《ふとまにまつり》として伝承され、古墳時代にはじまった亀卜《きぼく》は律令祭祀に組み込まれ、今日の大嘗《だいじょう》祭《さい》にまで継承されている。

このように考えると、「地域史を知る」ということは「日本列島の文化を知る」ことにつながり、さらに東アジアにおける日本列島史の独自性と普遍性を知ることにつながるのである。地方の小さな歴史事象や風習であっても、それらの事象を積み重ねていけば、「地域」から「日本」、「日本」から「世界」を見通す手がかりとなるのである。ぜひ、このことを知ってほしい。

二一世紀を迎えた今日、二酸化酸素の排出による大気汚染、有害物資やマイクロプラスチックによる河川・海の汚染、森林破壊といった自然環境の破壊は、人類の生存にもかかわる危機的な状況に追い込んでいく。と同時に、人類の生命には直接かかわりはないが、発掘された遺跡や遺物も悠久の人類の営みによって創りだされた貴重な文化遺産であり、それを私たちの時代に破壊していいはずはない。自然環境とともに文化遺産を大事に継承していくことが二一世紀に生きる私たちの責務であろう。

参考文献

赤星直忠　一九七〇『穴の考古学』学生社
麻生　優　二〇〇一『日本における洞穴遺跡の研究』
麻生　優・河原純之・岡本東三　一九九七「館山市大寺山洞穴遺跡の舟葬墓」『考古学ジャーナル』四二一
江上波夫　一九二六「上総興津附近洞窟遺跡について」『浦和高等学校文芸部学友会雑誌』八
大場磐雄　一九三四「本邦上代の洞穴遺跡」『史前学雑誌』六―三
大林太良　一九七七『葬制の起源』角川選書
岡本東三　二〇〇〇「舟葬説再論」『大塚初重先生頌寿記念考古学論集』
岡本東三　二〇〇〇「大寺山洞穴遺跡」『千葉県の歴史　資料編　考古1（旧石器・縄文時代）』
岡本東三　二〇〇二「館山市大寺山洞穴第３洞出土の骨角器」『考古学ジャーナル』四九〇号
岡本東三　二〇〇三「大寺山洞穴遺跡」『千葉県の歴史　資料編　考古2（弥生・古墳時代）』
岡本東三　二〇〇四「先史時代の海食洞穴遺跡」「弥生・古墳時代の海食洞穴遺跡」『千葉県の歴史　資料編　考古4（遺跡・遺構・遺物）』
岡本東三　二〇〇六「海上他界観と海食洞穴墓」『季刊考古学』九六
岡本東三　二〇一一『房総半島の先端から列島史を考える』房総の歴史と文化4　千葉学ブックレット　千葉日報社
小杉正人　一九八九「完新世のおける東京湾の海岸線の変遷」『地理学評論』六二―五
後藤守一　一九三五「西都原発掘の埴輪舟　其の一・其の二」『考古学雑誌』二五―八・九
小林行雄　一九四四「日本古墳の舟葬説ついて」『西宮』三
小林行雄　一九七六改稿「舟葬説批判」『古墳文化論考』平凡社
白井久美子　一九九四「館山市大寺山洞穴の出土遺物」『千葉県史研究』二
杉江　敬　一九九五「安房洞穴遺跡調査事始」『館山市立博物館報』五二
田崎　稔　一九七二「館山平野沖積平野について」『房総地理』二三
辰巳和弘　一九九六『「黄泉の国」の考古学』講談社現代新書
館山市立博物館　二〇一〇『館山湾の洞窟遺跡』
（財）千葉県史料研究財団　一九九七『千葉県の自然誌　本篇2　千葉県の大地』
（財）千葉県史料研究財団　二〇〇五『千葉県の自然誌　別篇1　千葉県地学写真集』
（財）千葉県史料研究財団　二〇〇七『千葉県の歴史　通史編　原始・古代1』
樋泉岳二　一九九九「東京湾地域における完新世の海洋環境変遷と縄文貝塚形成史」『国立歴史民俗博物館研究報告』八一
中村　勉　二〇一七『三浦半島の海蝕洞穴遺跡』シリーズ「遺跡を学ぶ」一一八　新泉社
日本考古学協会洞穴遺跡調査特別委員会　一九六七『日本の洞穴遺跡』平凡社
昼間　明ほか　一九九三「房総半島南部にみられる海食洞について」『埼玉大学紀要自然科学篇』二九
堀　善之　一九九七「安房地域の海食洞穴の様相について」『人間・遺跡・遺物』三
松島義章　二〇〇六『貝が語る縄文海進』有隣堂新書
宮内崇裕　二〇〇八『房総半島の地学散歩　一　房総の自然1』千葉学ブックレット　千葉日報社
宮内崇裕　二〇〇九『房総半島の地学散歩　二　房総の自然2』千葉学ブックレット　千葉日報社
山浦　清　二〇〇二「古墳時代安房海人の一様相」『古代史研究』一九
山崎直方　一九二五「史前時代以来上総東南海岸の昇降につきて」『地球』三―一
山田俊輔　二〇一八「古墳時代洞穴墓葬の類型」『考古学研究』六四―四
米田庄太郎　一九一七「天鳥船」『芸文』八―二・三
和田晴吾　二〇〇九「古墳の他界観」『国立歴史民俗博物館研究報告』一五二

大寺山洞穴遺跡

・千葉県館山市沼字大和田東
・交通　JR内房線館山駅から2・1キロ（徒歩で約27分）、またはバスで「西の浜」下車、徒歩5分。車で富津館山道路富浦ICから約20分

総持院門前に館山市指定史跡の表示板があり、境内の裏山に洞穴はある。洞穴の入り口は閉鎖してある。

鉈切洞穴遺跡

船越鉈切神社参道にみる沼面

・館山市浜田376
・交通　館山駅よりJRバス洲崎方面「安房浜田」下車、徒歩約5分。車で富津館山道路・富浦ICから約40分

船越鉈切神社の入り口に案内板があり、参道をのぼった社殿の裏手に洞穴はある。社殿脇の掲示板に発掘調査と遺物の解説をしている。境内は沼1面～沼3面を含んでおり、それぞれの段丘面が直線状に連続して観察できる。

安房神社洞穴遺跡

・館山市大神宮589
・交通　館山駅からJRバス神戸経由・安房白浜行き「安房神社前」下車、徒歩約5分。車で富津館山道路・富浦ICから約30分

安房神社境内にある。洞穴は地下に埋もれていて解説板があるのみ。

館山市立博物館

・館山市館山351―2　城山公園内
・電話　0470（23）5212
・開館時間　9：00～16：45（入館は16：30まで）

安房神社洞穴遺跡

・休館日　月曜日(祝日の場合は翌日)、年末年始
・入館料　本館・館山城一般400円、小中学高校生200円
・交通　館山駅東口からJRバス(1)番線または日東バス館山航空隊行で「城山公園前」下車、徒歩5分。車で富津館山道路富浦ICから約20分

本館歴史展示室にて、時代をおって安房地方の歴史を解説していて、洞穴遺跡の出土品を一部展示している。

遺跡には感動がある

――シリーズ「遺跡を学ぶ」刊行にあたって――

「遺跡には感動がある」。これが本企画のキーワードです。

あらためていうまでもなく、専門の研究者にとっては遺跡の発掘こそ考古学の基礎をなす基本的な手段です。また、はじめて考古学を学ぶ若い学生や一般の人びとにとって「遺跡は教室」です。

日本考古学では、もうかなり長期間にわたって、発掘・発見ブームが続いています。そして、毎年厖大な数の発掘調査報告書が、主として開発のための事前発掘を担当する埋蔵文化財行政機関や地方自治体などによって刊行されています。そこには専門研究者でさえ完全には把握できないほどの情報や記録が満ちあふれています。しかし、その遺跡の発掘によってどんな学問的成果が得られたのか、その遺跡やそこから出た文化財が古い時代の歴史を知るためにいかなる意義をもつのかなどといった点を、莫大な記述・記録の中から読みとることははなはだ困難です。ましてや、考古学に関心をもつ一般の社会人にとっては、刊行部数が少なく、数があっても高価なその報告書を手にすることすら、ほとんど困難といってよい状況です。

いま日本考古学は過多ともいえる資料と情報量の中で、考古学とはどんな学問か、また遺跡の発掘から何を求め、何を明らかにすべきかといった「哲学」と「指針」が必要な時期にいたっていると認識します。

本企画は「遺跡には感動がある」をキーワードとして、発掘の原点から考古学の本質を問い続ける試みとして、日本考古学が存続する限り、永く継続すべき企画と決意しています。いまや、考古学にすべての人びとの感動を引きつけることが、日本考古学の存立基盤を固めるために、欠かせない努力目標の一つです。必ずや研究者のみならず、多くの市民の共感をいただけるものと信じて疑いません。

二〇〇四年一月

戸沢　充則

著者紹介

岡本東三（おかもと・とうぞう）

1947年生まれ。

明治大学大学院文学研究科修士課程修了。博士（史学）。

千葉大学名誉教授。

おもな著書　『縄文土器Ⅰ』至文堂、『東国の古代寺院と瓦』吉川弘文館、『古代寺院の成立と展開』山川出版社、『房総半島の先端から列島史を考える』千葉日報社、『縄紋時代早期　押型紋土器の広域編年研究』雄山閣ほか。

●写真提供（所蔵）
千葉大学文学部考古学研究室：図3・5・17～19・22・25・27・28（左）・29・32（上）・34～38・40・41・43～52／千葉大学文学部考古学研究室（東京大学総合研究博物館所蔵）：図24／館山市立博物館：図7・10・11・15／國學院大學博物館：図14／千葉県教育委員会 1958『館山鉈切洞窟』：図16・21／赤星直忠博士文化財資料館：図54／西都原考古博物館（原品所蔵：東京国立博物館）：図57／松阪市教育委員会：図61／国東市教育委員会：図62
●図版出典（一部改変）
図1：国土地理院20万分の1地勢図「横須賀」「大多喜」／図2・12・23・26・28（右）・33・39・42：千葉大学文学部考古学研究室／図4：国土地理院5万分の1地形図「館山」／図8：(財) 千葉県史料研究財団 2000『千葉県の歴史　資料編考古1』／図9：田崎稔 1972「館山平野沖積平野について」／図13（左）：八幡一郎「安房国安房郡神戸村の古人骨埋没地」『人類学雑誌』40-3／図20（左）：館山市教育委員会 2009『鉈切洞穴測量調査報告書』／図30：小林行雄・杉原荘介 1964『弥生式土器集成　本編1』／図55：大林太良 1977『葬送の起源』角川選書／図58：うきは市教育委員会／図60（上）：辰巳和弘 1992『埴輪と絵画の古代学』白水社／図60（下）：天理市教育委員会 2000『西殿塚古墳・東殿塚古墳』
上記以外は著者

シリーズ「遺跡を学ぶ」142
海上他界のコスモロジー　大寺山洞穴《おおでらやまどうけつ》の舟葬墓《しゅうそうぼ》

2020年 3月 5日　第1版第1刷発行

著　者＝岡本東三
発行者＝株式会社 新 泉 社
東京都文京区本郷2−5−12
TEL 03（3815）1662／FAX 03（3815）1422
印刷／三秀舎　製本／榎本製本

ISBN978-4-7877-2032-0　C1021

新泉社

シリーズ「遺跡を学ぶ」

118
海に生きた弥生人　三浦半島の海蝕洞穴遺跡
中村　勉

三浦半島の海岸には弥生時代の漁撈具や貝殻・鹿角製の美しい装飾品、占いをした卜骨などの出土する洞穴が数多くある。なぜ、このような場所に人間の営みがあり、その営みが洞穴でなければならなかったのか。この素朴な疑問を解くために洞穴遺跡を探訪していこう。１６００円＋税

117
船形埴輪と古代の喪葬　宝塚一号墳
穂積裕昌

三重県松阪市の宝塚一号墳から全長一・四メートルもある巨大な船形埴輪が、当時のままに壮麗な姿をあらわした。大刀や蓋（きぬがさ）などで飾られた船、家形埴輪などは何を語っているのか。古代の人びとの死への怖れとその喪葬のあり方を埴輪群から解き明かす。１６００円＋税

134
装飾古墳と海の交流　虎塚古墳・十五郎穴横穴墓群
稲田健一

白く塗った石室壁面に赤い円文や三角文を描いた装飾古墳、台地の斜面に連なる東日本最大級の横穴墓群、太平洋に面した崖にならぶ石棺墓――古墳時代後期、茨城県ひたちなか市の那珂川流域にこれらの墓を造営したのはだれなのか、装飾古墳の本場、九州との関係は。１６００円＋税